イングランドの教会堂 平面図の例

例1
「ヨーク・ミンスター司教座聖堂（宗教改革後は大主教座聖堂）」

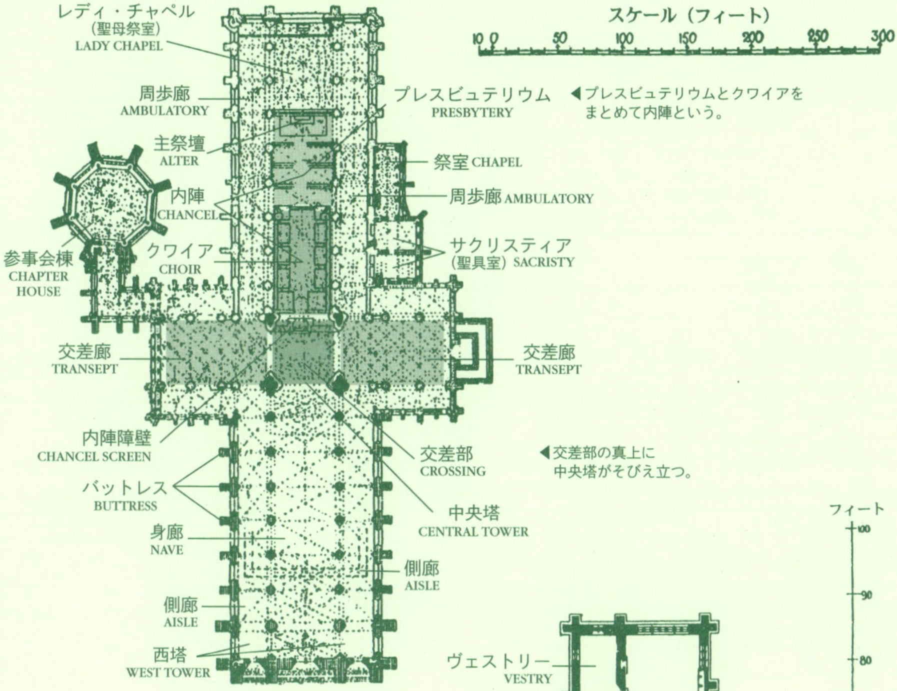

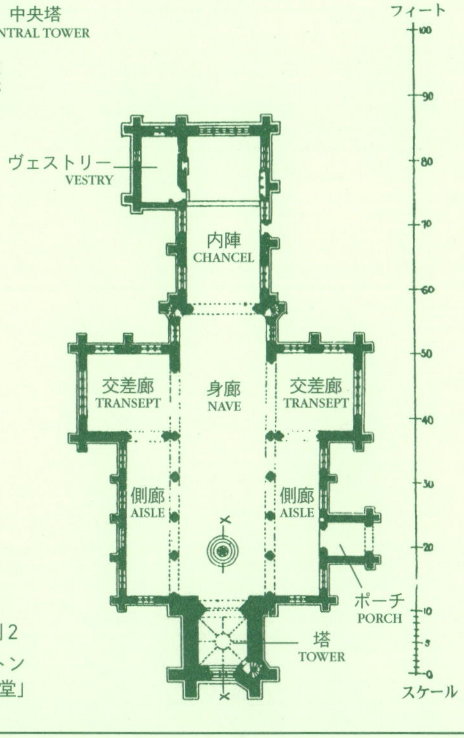

例2
リンカンシャー州ヘキングトン
「セント・アンドリュー教会堂」

English Churches
- Explained -

図説

イングランドの教会堂

トレヴァー・ヨーク 著　中島智章 訳

by Trevor Yorke

マール社

著者　トレヴァー・ヨーク　Trevor YORKE

画家・作家。子ども時代から、ずっと古い建物に強い興味を抱いて育つ。学生時代も、ひまさえあれば自転車で南イングランドをめぐり、歴史的建造物、運河、鉄道を描いたり、調べたりしてすごしていた。インテリア・デザインの仕事をしながら、イングランドの建築について夜間クラスで学び、やがて古い建物についての本を書き、イラストも描くようになった。現在までに、英国の驚異的な建築や工学技術について30冊ほどの本を出版。これらの本には、みずから手がけた挿絵や図解や写真をふんだんに盛り込んであり、ほとんど基礎知識のない初心者にもわかりやすいものになっている。趣味は、丘を歩くこととサイクリング。妻と二人の子どもと一緒に、イングランドのピーク・ディストリクトのはずれにある小さな町、リークに住んでいる。

訳者　中島 智章　NAKASHIMA Tomoaki

1970年、福岡市生まれ。東京大学大学院工学系研究科建築学専攻博士課程修了。博士（工学）。日本学術振興会特別研究員（PD）などを経て、2015年10月現在、工学院大学建築学部建築デザイン学科准教授。日本建築学会・西洋建築史図集WG・主査。日仏工業技術会・建築都市計画委員会・委員長。2005年、日本建築学会奨励賞受賞。著書に『図説 ヴェルサイユ宮殿 太陽王ルイ14世とブルボン王朝の建築遺産』『図説 パリ名建築でめぐる旅』『図説 バロック華麗なる建築・音楽・美術の世界』『図説 キリスト教会建築の歴史』（以上、河出書房新社）、翻訳書に『中世ヨーロッパの城塞 攻防戦の舞台となった中世の城塞、要塞、および城壁都市』『VILLAS 西洋の邸宅 19世紀フランスの住居デザインと間取り』（以上、マール社）などがある。

巻頭図版『イラスト資料 世界の建築』（マール社）より

図説 **イングランドの教会堂**

2015年11月20日　第1刷発行

著　　者　トレヴァー・ヨーク
訳　　者　中島 智章
装　　丁　葛西 恵
発 行 者　山崎 正夫
印刷・製本　シナノ印刷株式会社
発 行 所　株式会社マール社
〒113-0033　東京都文京区本郷1-20-9
TEL 03-3812-5437
FAX 03-3814-8872
http://www.maar.com/

ISBN978-4-8373-0906-2 Printed in Japan

CONTENTS
目次

はじめに *Introduction*

　イングランドには、今でも古い建物が多く残っています。私が以前住んでいた家は1857年に建てられたもので、ヴィクトリア朝時代の特徴があり、次々に人々が住み続けてきたこともその家の魅力の一部となっていました。さらに古い建物もあります。特に、教会建築はとてもとても古く、また、その壁に埋まっている歴史の深さは息をのむほどです。

　中世まで由来を求められるものは優に10,000棟を超え、その多くはさらに時をさかのぼります。たとえば、ブリクスワース教会堂を見てみましょう。建設の第１段階は古代ローマ人が去ってから200〜300年経ってから始まっていて、古代ローマの建物のれんがが教会堂の壁の材料に転用されました。ノルマンディー公ギョーム２世（後のイングランド王ウィリアム１世「征服王」）が上陸したときには、すでに崩れそうな建物となっていたはずで、ヘンリー８世がイングランド国教会を創設したときには、900年以上も経っていました。その石材は、ヴァイキングの侵略者たち、勇敢な騎士たち、それに清教徒革命の議会派と王党派の争いの生き証人です。さらに、今日見られる建物には、建設以来の驚くべき時の流れの跡が残されています。その形と装飾に、1400年以上にわたる、数え切れないほどの野心的で、力ある人々によってなされた改築の跡をうかがうことができるでしょう。

　この建物について書いている間にも、悠久の時の流れを感じずにはいられません。壁の断面とアーチの一つ一つをじっくり見ていくと、建物の変遷の中の、どの段階のものかを推定することができます。私はかねてから、風景画の一つの道具としての教会堂に魅せられてきました。芸術的構成としてのその形態を数年間研究した結果、それらの建築的価値に気づき、さまざまな部分の年代を推定できるようになるとは、なんという喜びでしょうか。本書では建築の専門家ではない読者のために、教会堂という構築物とその装飾の時代様式を、写真や図版、図解を用いてわかりやすく示しています。

　第１部は通史を見ていき、建築様式の変遷や今日の姿を紹介します。各章では、それぞれの

図0.1：ノーサンプトンシャー州ブリクスワース
ほとんどの教会堂がそうであるように、一つの教会堂の中に、多くの時代の構築物が見られる。ここでは、７世紀のアーチから13世紀の尖塔まである。

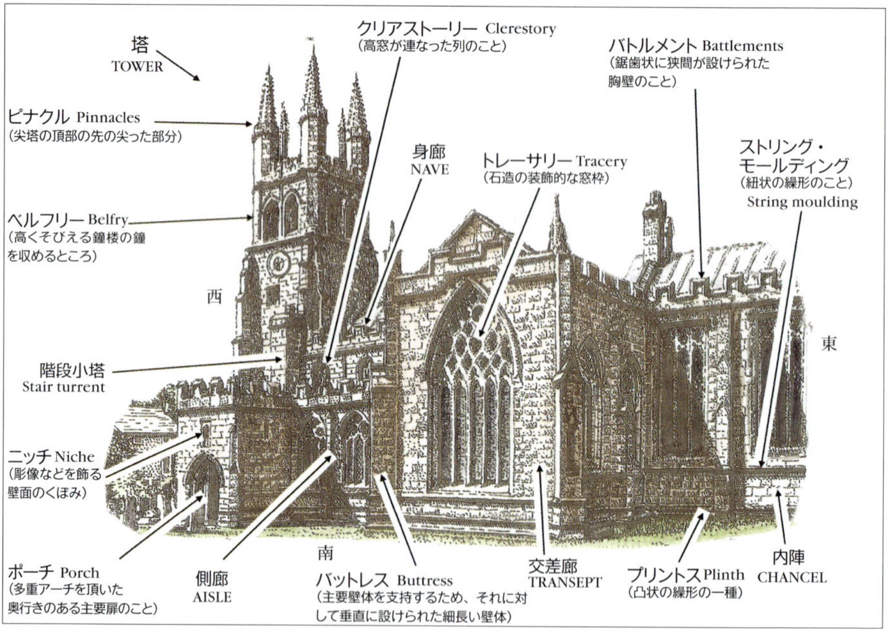

図0.2
本書で触れる小教区教会堂のいくつかの特徴について、強調して用語を示している。方位表記からわかるように、ほとんどの古い教会堂は東西軸に沿って建てられており、祭壇を含む内陣は東端に配された。

時代の小教区の教会堂がどのようなものかを、架空の教会堂を「作例」として示しました。第２部では内部に立ち入り、さまざまな調度品や内装を解説します。最終部ではさらに詳細な情報を盛り込み、年表と用語集を付けました。本書では宗教とは別の側面から教会堂の特徴を取り上げており、「通常」のものがどういうものかを読者のみなさんにわかりやすく示そうと努めました。一般的なものを知れば「通常を超えた」特別なものを、もっと評価できるようになるでしょう。宗教的側面については非常に奥の深い世界であることから、他の教会関係の書籍に譲ります。そのうちのいくつかは参考文献として掲げており、それ以外のものも多くはキリスト教関係の書店で手に入ります。

本書のような簡潔な書籍に簡単にまとめることができない教会堂の要素として、その建材が挙げられます。中世以来の教会堂はそれぞれの土地に固有の建物で、地元の材料を使って地元の石工たちが建立したものです。壁体《へきたい》[1]に必要な石材は手近なところから入手しなければならず、とても豊かな寄付者がいた場合のみ、地元以外の場所から運んでくることができました。おそらく、建設者たちは土地に根ざしており、滅多に遠くへは行きませんでした。そのため、当時の様式に基づきつつ、各地に固有の様式がさまざまな形で展開されたのです。これらの土着の形態が、地方性のない「様式」と大量生産された調度に取って代わられたのは、18世紀に「建築家」という職能が登場し、19世紀に交通

1） 西洋建築において構造材として屋根、小屋組、天井、床などを支持するもの。

網が発達した後のことです。

古い教会堂は今日も建ち続けています。それは、その土地の性格の記録でもあります。西部では、赤色《せきしょく》砂岩《さがん》が明らかに露出しており、ペナインズ山地に沿っては砂岩による臼石《うすいし》、サウス・ウェスト地方では花崗岩《かこうがん》が見られます。ドーセットからヨークシャー州にかけては、石灰岩の石脈が通っており、コツウォールズとノーサンプトンシャー州では豊かな色彩を持つものもあります。その東方では、良質な建材としての石材は不足していて、教会堂にはフリント、コブルズ（丸石）やチョーク（白亜）による粗積みの壁体が見られます。下の地図上に示したように、ところどころに局地的に岩石が露出していて、建材があまり採れない地域ですらも、良質な石材による教会堂と思いがけなく出会うことがあります。このような多様性がイングランドの教会堂群の大きな魅力の一つなのです。一つとして同じものがありません。その上、この私たちを困らせてしまうような多様な集合体の奥底には、さまざまな特徴や装飾といった、各時代固有の「様式」が横たわっているのです。それではページをめくって、時を超えた旅に出かけてみましょう。次に教会堂の前を通ったり、訪ねたりしたときにはいろいろなことが見えてくるでしょう。

トレヴァー・ヨーク

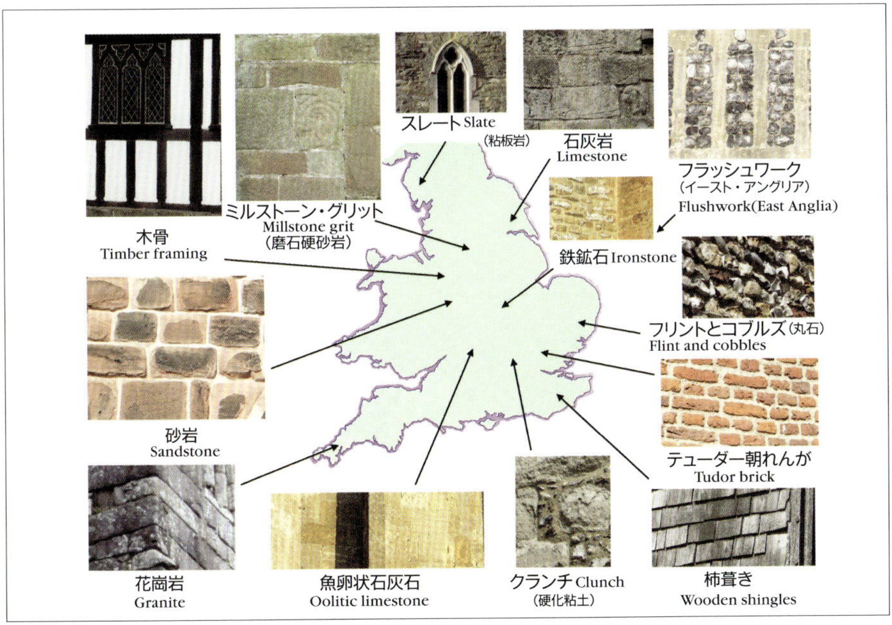

図0.3

イングランドの地図。各地域の特徴的ないくつかの石造構築物。

第1部

教会堂の歴史

Churches through the Ages

第1章

サクソン時代とノルマン時代の教会堂

Saxon and Norman Churches

AD 600-1200

図1.1：ダービーシャー州ブラサン

ピーク・ディストリクトの外れにあるこの教会堂は12世紀に建造されたが、この時代のほとんどの教会堂と同じく、当時の痕跡は後世の増改築の中に埋もれている。ずんぐりした簡潔な鐘楼《しょうろう》の、鐘のある開口部は特徴的な半円形アーチを頂いており、この図中では、すぐにノルマン時代の建築だと分かる唯一の部分である。

6世紀末、ブリテン島は二方面からの侵略の最中にあった。それまでの数百年間、古代ローマの影響を受けた先住民のブリトン人たちとその文化を西方に追い払った「異教徒」のサクソン人たちの一団だけでなく、人々をキリスト教に改宗させようとやって来た宣教師たちもブリテン島に到来していたのである（じつは、キリスト教は古代ローマ統治時代末期に一度導入されていたので、「再宣教」ということになる）。アイルランドから到来し、563年にイオナに修道院を設立した聖コルンバとその後継者たちが北部に影響を及ぼす一方で、教皇に派遣されたアウグスティヌスは597年にケント王国に上陸し、カンタベリーに根拠地を設けた（ロンドンは強固な「異教」の地だった！）。これら２本の流れが島内に伝播していくにつれて、その違いが必然的に大きくなっていったが、664年のウィトビー教会会議で統合が図られ、数百年にわたって、各地方の中心となる「ミンスター聖堂[1]」のシステムが作り上げられていき、都市から遠く離れた農村の教会堂や屋外の場へ聖職者を派遣する拠点となった。

ヴァイキングの襲撃と９世紀のその後の侵略によって、修道院は荒れ果て、教会堂は甚大な損害を被った。このような状況は、10世紀半ばまでにアルフレッド大王とその後継者たちがヴァイキングを退けて、イングランド統一を成し遂げるまで続いた。エドガー王（944－975）の下で、教会堂建設は盛んになり、さらにはミンスター聖堂だけでなく、もっと小規模な農園の建物も新しく建てられていった。下級貴族たちはマナー・ハウス（領主館）の隣に教会堂を建立することで、さらに高い地位を得ようとしていたのであり、このような傾向は200年以上にわたって続いた。同時に、司祭たちを支える十分の一税[2]の支払いが法制化され、司祭たちが属する小教区が設立された。その境界は彼らの所有地に準ずることが多かった。中世の小教区教会堂の多くはこのようにしてサクソン人貴族たちによって、また、ノルマン人の征服後、12世紀後半に至るまでに創設されたようだ。12世紀末には、このミンスター聖堂のシステムはほぼ廃れていた。

サクソン時代の教会堂

初期の宣教師たちが成功したのは、既存の「異教」の宗教施設を転用したおかげともいえるだろう。多くの初期キリスト教の教会堂が聖なる泉、いにしえの石、古墳や古代ローマの廃墟の側に建設された。通常、それらは上から見ると正方形の単純な構築物であり、ほとんどは木造で、遙《はる》か昔に消失している（例外が**図1.17**に示されている）。現存しているのは石造のものである。これらの建造物は壁体によって支えられていて、典型的な小さな窓にその厚みを見て取れる。窓の両側面は内に向けて末広がりになって

図1.2　リンカンシャー州ストー
サクソン時代後期の、上から見ると十字形の大規模教会堂の傑出した例であり、その周囲の小村がもっと小さく見えるほどである。その規模や特権的な立地から、かつて、重要なミンスター聖堂だったと思われる。これらの初期の主要教会堂は主に7世紀、8世紀に当時の重要な中心地付近に創建されたものであり、宣教の根拠地として機能していた。そこから司祭たちや修道士たちが出動して、領域内の他の共同体において説教を行ったのである。10世紀以降、小教区制が創設されると、このシステムは廃れていった。これらの教会堂が存在したことは、キダミンスターのような地名に現在でもうかがうことができ、あるいは、ヨーク・ミンスターのように司教座聖堂となったものもあった。

1)　小教区制が形成される以前のアングロ・サクソン時代において、設定された地域に司祭を派遣した修道院付属教会堂。
2)　中世ヨーロッパで、教会が小教区の農民から毎年撤収した生産物貢租で、その納税率が収穫物の10分の１にあたっていたのでこの名称が生まれた。

おり、鎧戸や窓を閉じる部材が壁厚《かべあつ》の中央に設けられた（ガラスは希少品だった）。中心に位置する建築は非常に高く、奥行きがあり、そのほとんどの東端に内陣《ないじん》が建設された。なかには大規模なものもあり、両側に交差廊《こうさろう》を備え、塔もあった。窓や扉口、身廊《しんろう》と内陣の間の開口部のすぐ上に壁体を設けるときは、背の高く、間隔の狭い典型的で単純な半円形アーチを使い、それらを支持した。頂部には急傾斜の屋根が載り、ほとんどは藁葺《わらぶ》きだったと思われる。

この時代のもので、現存しているもののほとんどは断片的にしか残っていない。サクソン時代に由来すると思われる200棟ほどの教会堂においても、通常、とても幅の狭い身廊の断面や、一重の半円形アーチの窓にのみ見て取れるだけである。

図1.3
古代ローマの町や荘園の廃墟の近くに教会堂が建設される場合、それらの廃墟の石積み（メーソンリー）**[図1.18]**から薄い赤色れんがを採ることが多かった。この場合、ブリクスワース **[上]** のように壁体やアーチの中に組み込まれた。サクソン時代後期とノルマン時代前期の教会堂の 明確な特徴は、へリンボーン紋様（V字形や長方形を縦横に連続したもの）を描くように石材を配置することであり、リンカンシャー州マートンで見られるこのような例がある **[下]**。

図1.4
サクソン時代の教会堂の目立つ特徴は、長短のリズムを刻みながら構築されていることである。隅部《ぐうぶ》（「コイン」という）において、細長い石材が縦と横に交互に組み合わされた。

図1.5

通常、窓は小さく、支柱はないか、時には1本だけ設けられて二つに分けられるかだった（細長い樽型の支柱が中央に配されることが多かった）。ほとんどは半円形アーチを頂いており、小さなものは一つの岩塊から粗く削りだしたもの［上］、大きなものはいくつかの岩塊を削りだしてアーチを組んだもの［中］が多かった。サクソン時代の教会堂の中には、三角形の頂部を持つ独特な形態の開口部を備えたものもあった［下］。

図1.6

扉口（や内部の内陣アーチ）は単純で幅が狭いものが多かった。扉の幅を決める半円形アーチの幅をあまり広げると不安だったからだろう。大きな石材が迫元（インポスト）に用いられてアーチの底部を支え、抱きに円柱が付くこともあった。

図1.7

円柱とその頂部の柱頭は、サクソン時代の教会堂では数例に見られるだけである。その形態は単純だが、装飾が刻まれることも多い（サクソン人たちは、後世のノルマン人たちよりも、いくつかの点で巧みな職人だった）。

ノルマン時代の教会堂

ノルマンディー公ギヨーム2世（後のイングランド王ウィリアム1世「征服王」）が血にまみれた戦を仕掛けてイングランドにやって来た後、大規模な城塞や大聖堂の建造が行われるようになった。反抗的なサクソン人たちに恐怖を抱かせるような圧倒的な構築物である。これらを除けば、大きな教会堂はほとんど建設されず、それも、当時の支配的な地方領主たちがその荘園住宅付近に新たな信仰の場を建設したものだった。モット・アンド・ベイリー形式[1]の城塞の土塁《どるい》（土を盛り上げた堤防のようなもの）の隣に小教区教会堂が建設されたのも、その延長線上のことである。しかし、12世紀にはさらに宗教的な教会堂を求める動きがあり、その小教区教会堂の俗界の所有者たちは、司祭を任命し、典礼関連の収入（多くの者にとって、教会堂を建てる動機の一つである）を懐に入れる権利を放棄して、司教や修道院に譲り渡した。

これらノルマン時代の初期の教会堂は、一見すると、サクソン時代の単純で幅の狭い構築物と共通するところが多い。ただし、アプスが内

1）「モット」とはフランス語で小山を意味し、「ベイリー」とは郭《くるわ》のことである。ベイリーが複数の場合もあり、それぞれ壕《ごう》と土手を備え、土手の上には木製の防御柵がめぐっている。モットの上には最後の砦となる「ドンジョン」がそびえていた。当初、ドンジョンなどの建造物は木造だったが、ドンジョンが石造になっていくと構造上の問題でモットは廃れていった。

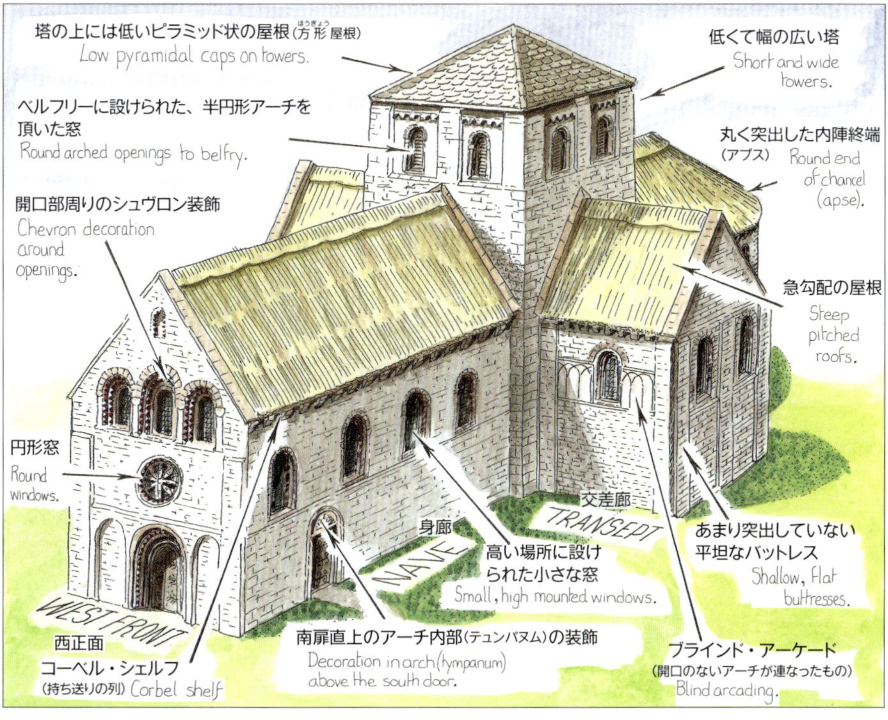

図1.8

ノルマン時代の大規模教会堂の作例。特徴的な点に説明を示した。外装は漆喰《しっくい》で覆われ、開口部周りは彩色された。これは推測にすぎないが、多くの教会堂の外装には何らかの塗装仕上げや装飾が施されたはずである。

陣から丸く突出しているところは異なっており、これは当時、フランスから広く伝わったものである。ほとんどの地域で塔はあまり見られなかったが、大規模な建造物の中には、上から見ると十字架の形をしていて、その交差部に直方体の中央塔が立っているものが広く見られ、大きな特徴ともなっている。開口部には常に半円形アーチが用いられた。幅を広げるには、それに応じて高さを大きくとらないといけなかったので、窓や扉の幅は限られていた。大規模な内陣アーチにおいて、いくつかの試みがあったものの、それらは石の重みで歪んでしまっている。長大な壁体（通常、身廊と側廊《そくろう》の間）を支えなければならない場合には、半円形アーチの列が見られ、それらは分厚い四角柱の支柱（ピア）や太い円柱によって支持されている。円柱の場合、削り出したままの石材が柱礎《ちゅうそ》となり、頂部には装飾のない柱頭《ちゅうとう》がある。

12世紀半ばには、これらの教会堂において突如として装飾が豊かに施されるようになり、顕著なノルマン様式が出現して、活き活きとした幾何学的彫刻紋様が見られるようになった。

図1.9
真上に半円形の空所（テュンパヌム）を備えた長方形の扉口もある。テュンパヌムには紋様や何らかの場面が彫刻されている。これはヘレフォードシャー州のキルペックにある素晴らしい例。

図1.10
重要な入口では、幅を狭めながら奥へと連なるアーチが施され、その奥に扉口が設けられた。これはダービーシャー州スティートリーの例。すぐ上のビークヘッド（嘴状《しじょう》装飾）の列はノルマン様式だが、1880年頃の修復時に作られたものである。

図1.11
窓は区分けられていないものも、支柱で分割されたものもある。支柱がある場合、それぞれの開口部は半円形アーチを頂いている。窓は壁体の上方に空けられる。鎧戸や布が（当時のほとんどの小教区教会堂にとってガラスは高価すぎた）、外縁に設けられ、開口部内側は奥に行くほど狭くなっていた。これは、オクスフォードシャー州バーフォードの旧ベルフリー開口部。ただし、後にガラスがはめられた。

図1.12
半円形アーチは、開口部が埋められたアーチを繰り返したり、挿入したりして、ブラインド・アーケードと呼ばれる水平帯を形づくり、装飾効果を上げるためにも用いられた。この円筒形の塔では、特徴的なノルマン様式のベルフリー開口部の間に見られる。これらの特徴は主にノーフォークとサフォークに見られ、通常、サクソン時代かノルマン時代に作られたものである。

図1.13
コーベル（壁から突出し、その上に張り出した部分を支える石造ブラケット）は屋根の軒下によく設けられた。これらはコーベル・テーブル、あるいはコーベル・シェルフ **[上]** を形成し、ノルマン時代の教会堂の大きな特徴となっている。通常、頭部や彫像が彫刻されている **[下]**。これはヘレフォードシャー州キルペックの例。

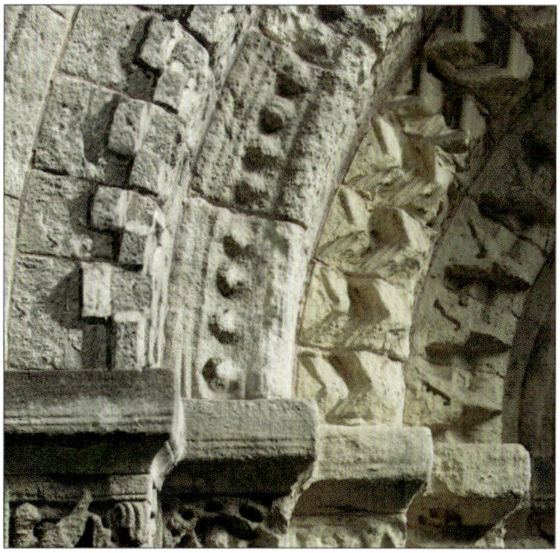

図1.14
ノルマン時代後期の教会堂の特徴は、装飾が彫刻されていることであり、主にジグザグ紋様、あるいはシュヴロン紋様（V字形紋様）がアーチ周りに見られる。通常、これらの紋様の頂点は開口部側に向いているが、頂点を外側に向けてアーチ周りに配されることもあった［**図1.11**の内側のアーチ］。このような細部の装飾は1160年頃に作られた。**図1.14**の例では、右側（内縁）から左側へ、ビークヘッド（嘴状《しじょう》装飾）、シュヴロン、ペリット（球形ビーズ）、ビリット（直方体ブロックを間をあけて配置したもの）の帯状装飾が見られる。その他の装飾形態には、ダイヤモンド紋様、綱状帯やロザンジュ（平坦なダイヤモンド紋様）がある。

図1.15
一般的にノルマン様式の柱はずんぐりとしているが、初期の形式と比較すると徐々に細くなっている。円柱形、または八角柱形であり、同じアーケードの中で両方が交互に用いられる場合もあった。紋様が彫り込まれることもあった。通常、柱頭の頂部は正方形の板のような形で、その下にはクッションのような形態の面取りした装飾のないブロックが配されることが多かった。さらに波形装飾（スカロープ）**［左］**や渦巻装飾（ヴォリュート）**［右］**で装飾されることもあった。これはダービーシャー州ユールグレーヴの12世紀末の例。

図1.16：1100年頃の教会堂の作例
一見したところ、藁葺き屋根の単純な石造建造物であり、右手にあるノルマン人領主の居館であるマナー・ハウスに隣接している。領主たちがこの教会堂の建設を始めたのである。この地に最初に建っていたもっと小さな木造の教会堂を立て替えたものである。内陣の端には丸く突出したアプスが加えられていた。教会堂構内にはただ石造の十字架が配されているだけであり、当時は恒久的な常設の追悼記念碑はほとんど設けられなかった。

事例紹介

図1.17：エセックス州グリンステッド
この写真には、木造教会堂の唯一の残存部材である、短く切った木材が縦に並べられているのを見ることができる。これはサクソン時代に建てられたもの。この時代に建設されたほとんどの教会堂は木造だったと思われる。同じ場所に後に建てられた教会堂で発掘が行われてはじめて、それ以前のサクソン時代の構築物の柱穴（ポスト・ホール）の跡が見つかった。

図1.18：カウンティ・ダラム州エスカム
大部分が改築をされずに残ったサクソン時代の教会堂の数少ない例の一つであり、その特徴である、高くて幅の狭い身廊と小さな窓が見られる（中央の大きな窓とその右の幅の狭い窓は後に加えられたものである）。ビンチェスター要塞跡付近の古代ローマの石材が当地の構築物に使用されたと考えられている（壁体の頂部付近に注目すると、石材が徐々に尽きていったのか、最上層では小さな石材を使わざるをえなかったようだ）。

図1.19：ノーサンプトンシャー州ブリクスワース
現存するものでは最大のサクソン時代初期の教会堂（7世紀末）。他の多くの例と同様、だいたい8世紀末から9世紀初頭にかけてヴァイキングにより破壊された。手前の、上から見ると多角形のアプスは1000年頃に再築されたものだ（従来は半円形か正方形だったと思われる）。主要な部分は高くそびえ、幅が狭い。塔の頂部、尖塔《せんとう》や尖頭形の窓は後に加えられたものである。

図1.20：ノーサンプトンシャー州アールズ・バートン
サクソン時代末期の特徴的な塔の一つである。開口部上部は三角形か半円形であり、石材を縦横交互に重ねた構築物や石造帯状装飾が見られる。これらの柱状の部材は、当時の木造教会堂で用いられた構造体を模したものと思われる。ほとんどの地域の小教区教会堂では塔はあまり見られなかった。イースト・アングリアだけは別で、特徴的な円筒形の塔が防御の役割を負うこともあった［図1.12］。

図1.21：バキンガムシャー州ステュークリー
ノルマン時代末期の教会堂の特徴は、くっきりと刻まれた幾何学的装飾がにぎやかなことであり、大部分が変わっていないこの教会堂の西端にも見られる。身廊、塔、内陣が一直線に並び、交差廊はない。これは当時の典型的な形態である。この図のゲーブル（妻壁）に見られるように、頂部が単純な半円形の窓が、ノルマン時代の大規模教会堂にはよく見られる。

図1.22：ヘレフォードシャー州キルペック
この注目すべき小さな教会堂は、彫刻で有名だが、当初の形態を残していることも重要であり、ノルマン時代の多くの小さな小教区教会堂の典型的な例である。身廊、内陣、アプスが一直線に並び、ベルフリー（鐘楼）以外の塔がない教会堂は、国中のいたるところで建てられた。

図1.23：リンカンシャー州ストー
内部の一端から身廊、内陣を望む。サクソン時代のこのミンスター聖堂は、ノルマン・コンケスト直前に建てられたものだと思われる。写真手前の半円形アーチは非常に高くて幅が狭い外観であり、側面の窓は内に向けて深く末広がりとなっていて、壁面の上部に設けられている。アーチのすぐ向こう側の空間が交差部（クロッシング）であり、塔の真下の部分である。サクソン時代の大規模教会堂では、その部分が建造物全体の中で最も高い（ここに見られる尖頭《せんとう》アーチは、後世、おそらく、塔がかさ上げされたときのものだろう）。

図1.24：ラトランド州ティケンコート
この小さな教会堂にはノルマン時代の装飾が豊かに見られるが、ほとんどは18世紀の華麗なる修復によるものである。手が加えられずに残されている主な部分としては、この巨大な内陣アーチがあり、中央部が石の重みで下がってはいるが、800年以上も建ち続けているのである。シュヴロン、ビークヘッド、ビリットで装飾された多重アーチやスカロープ（ホタテ貝）などの象徴物が刻まれた幅の狭いクッション形の柱頭とともに、これはノルマン時代末期の構築物の特徴である。

図1.25：ダービーシャー州ベークウェル
身廊アーケードの西端を望む。右手にノルマン時代の幅の狭い半円形アーチと厚みのある四角柱形の支柱（ピア）、および、突起した迫元（インポスト・ストーン）が見られ、左手に後の時代の尖頭アーチ、および、もっと細い円柱が見られる（実際はヴィクトリア朝時代のものだけれども、中世の構築物が基になっている）。これは次章で解説するが、尖頭アーチは教会堂の内部を明るくし、広く見せるという効果があった。

第2章

初期イングランド式と華飾式の教会堂
Early English and Decorated Churches
1200-1350

図2.1：ケント州ウェスタラム
この時代に拡大した教会の要求や教会堂の構法の変化により、突如として、多くの教会堂の内部は、幅が狭く薄暗いものから広々として色彩豊かなものへと変貌した。この例は、トレーサリー[1]を備えた大きな窓、壁体から突出したバットレス（控え壁）など、当時のいくつかの新たな特徴を示している。その他、身廊と側廊の真上には、ケントとコーンウォルでよく見られる特徴的な三連屋根が架かっている。末広がりの木造尖塔屋根もあり、当初は樫《かし》のこけらで葺かれていた。これは当時のサウス・イースト地方で広く見られた。

1） 窓の中に紋様を描く装飾的な石造部材のこと。

13世紀は中世の黄金時代である。人口は増え、収穫は豊かで町々には市場が出来た。とりわけ、低地地方（現在の北フランスの一部、ベルギー、オランダにあたる）に近い港のある東部諸州では羊毛を輸出して外貨を獲得していた。低地地方では織工からの需要が多かったからである。この富は、ノーサンプトンシャー州やリンカンシャー州のような地域の教会堂に反映された。もっとも、教会の成長に伴い、さらなる空間が必要となったことで、全国的に身廊や内陣が建て直され、側廊が加えられてもいった。

教会自体、ウィリアム征服王が1066年に上陸した時とは様変わりしていた。歴代教皇の影響下に、教会は王の直接の影響から離れ、真の信仰に立ち返ろうとしていた。俗界における結果として、非常に多くの小教区教会堂を建設してきた諸侯の中には典礼から得られる利益を多少は意識していた者もいたが、次第に収入が枯渇していくことに気付いた。これらの改革の影響で、典礼からの収入が彼らの財源から遠ざけられたからである。そのために、彼らは司教や大修道院長への影響力を行使しようとし始めたのである。この時代の初めには、まだほんの少しの教会堂だけが私有のものだった（それは奇妙なことと見られていた）。一方、修道院の管轄下にある教会堂はその富の恩恵を被り、もっと新しい様式の建築に改められていった。この時代の建造物の新たな形態の特色は、尖頭《せんとう》アーチである。

図2.2：レスターシャー州エムピンガム
イースト・ミッドランド地方のこの素晴らしい村の教会堂は、この時代に羊毛貿易によって華やかに発展した。おそらく、リンカン司教の宮殿の一つに隣接していることから大規模なものとなった。この時代の最も印象的な教会堂の多くは司教や大修道院長との結びつきの恩恵に預っていたのである。

初期イングランド式

12世紀半ばに建立された司教座聖堂と大修道院では、半円形アーチを新たな尖頭アーチの傍らに見い出すことができる。しかし、このような過渡期が過ぎた13世紀前半には尖頭アーチが全体に用いられるようになる（カンタベリー大司教座聖堂が最も影響力を持った）。尖頭アーチを用いることで、石工は設計の自由を得た。各アーチの幅と高さを自在に操作できたからである。半円形アーチを使用する場合は、すべて同じ大きさにそろえなければならなかった（幅を大きくすると高さも増さなければならない）。

14世紀以前の教会堂には、他にも問題があった。重い勾配屋根が必然的に及ぼす、壁体を外側下方へと押す力をいかに抑えるかである。ノルマン人たちは非常に厚みのある壁体を建設し、その重量と屋根の勾配を険しくすることでこの力を抑えた **[図2.3左]**。14世紀になると尖頭アーチを導入して荷重の多くを真下に向かわせ、外壁に沿ってバットレスを用いることで **[図2.3右]**、外側へのスラスト（推力）はさらに抑えられた。その結果、壁体は薄くなり、開口部は大きくなった。これにより、細い円柱と優美な細部を備えた、光あふれる内部空間が創造され、建造物本体も陰鬱さが薄れて、優雅さが増した。

一般的にゴシック建築（後世、古典主義建築の支持者たちが尖頭アーチを特徴とする建造物を指すのに用いた、取るに足らない用語だが）

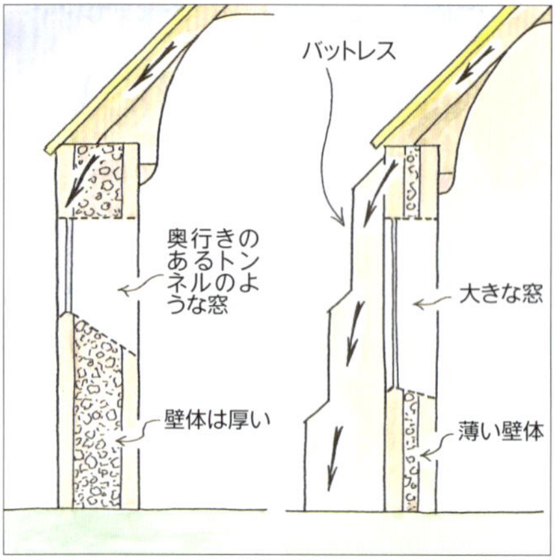

図2.3
ノルマン時代の壁体断面［**左**］と14世紀の壁体断面［**右**］を比較。矢印は屋根から外へと向かうスラスト（推力）を示している。前者ではスラストは壁体の圧倒的な質量によって、後者ではバットレスによって抑えられている。バットレスのおかげで、壁体を薄く、窓を大きくすることが可能になったのである。

と称されるものの初期の段階は「初期イングランド式」と呼ばれる。この新たな様式はほぼ13世紀全体にわたっている。その大きな特徴はランセット窓[1]である。尖頭アーチを備えた高くて幅の狭い開口部で、通常、側面に沿って単独アーチか二重アーチの窓が並び、建物終端部の壁体ではまとまって3～5箇所のランセット窓が設けられた。13世紀半ばには、窓の支柱が単独のアーチ形を描く繰形《くりかた》[2]の中に作られ、上部の空間に開口部がうがたれてプレート・トレーサリー（石板に窓をあけたもの）が作られるようになった［図2.6］。

この時代には、身廊の側面に側廊を増築して建造物を拡張することが広く行われた。通常、北側廊が先に着工し、南側廊は後に建てられた。内陣の拡張も多く、初期の丸く突出したアプスは、上から見て長方形のものに建て替えられ、新たに大きな東窓が設けられた。塔はまだ広まることはなく、通常は、主要教会堂や、イースト・ミッドランド地方のような豊かな地域の教会堂の特徴だった。そこでは、当時、下部の構築物とわずかに重なる特徴的なブローチ付き尖《せん》塔《とう》屋根が発展していた（第8章）。扉口直上には急勾配の尖頭アーチが設けられ、その縁をめぐ

図2.4：ラトランド州ケトン
これは初期イングランド式の主要な例であり、特徴的なランセット窓を備え、巨大なブローチ付き尖塔屋根を頂いている。「ブローチ」とは、八角錐《すいけい》形の尖塔屋根とその真下にある塔の正方形の屋上の隅部《ぐうぶ》との隙間を埋める、尖塔基部の小さな三角形の部分のことである。これはイースト・ミッドランド地方の特徴であり、当時、そこでは適切な石材と富という条件がそろっていたのである。だが、ヴィクトリア朝時代の人々はこの特殊な例に感銘を受け、全国の教会堂のモデルとして用いることとなった。

1) ランセットはフランス語で「小さな槍」の意であり、ランセット窓とは槍のように細長く尖った開口部のこと。
2) 石材、れんが、石膏でできた細い帯状装飾。

図2.5
13世紀の扉口には鋭い尖頭アーチがあり、その繰形は深く刻まれて犬歯装飾で埋められた。抱きに沿ったシャフトには簡素な、あるいはスティッフ・リーフ（堅い葉状装飾）のある柱頭が設けられ、この例ではさらにブランク・ランセット（開口部の埋まっているランセット）で華やかに飾られている。

る繰形は深く刻まれて、抱《だ》き[1]に沿ってシャフト[2]が付けられることも多かった。ピラミッド紋様が彫り込まれた「犬歯《けんし》」と呼ばれる帯状装飾が設けられ、縁を装飾していた。

1) 扉や窓の脇の枠や柱のこと。
2) 柱頭と柱礎の間の部分。柱身。

図2.6
ランセット窓の例。開口部を単独で［**左**］、あるいは3箇所［**中央**］、5箇所、ときには7箇所まとまった形で設けることは13世紀前半の特徴である。13世紀後半にはそれらは単独の繰形の下にまとめられ、ランセット上部の隙間には円形の開口部が空けられて、プレート・トレーサリーが作られた［**右**］。この例ではキャトルフォイル形、すなわち、四つ葉のクローバー形が見られる（葉状装飾のことをフォイルという）。

図2.7
繰形と繰形の間に挿入されたピラミッド形の突起は「犬歯」と呼ばれ、初期イングランド式の教会堂の大きな特徴である。

図2.8
柱は前世紀のものよりも細くなり、円柱 **[左]**、ときには八角柱だった。あるいは、大規模教会堂では円柱の周囲にシャフトの束を刻んだものもあった **[右]**（最上質の色の濃いパーベック産大理石造）。これらのシャフトの中には上から見ると船体のような形状のものもあり、「キール（竜骨）形柱身」と称されることもある。アーケードは鋭い尖頭アーチによって形成され、二重に面取りが施されることも多かった **[左]**。

図2.9
柱頭は簡素で円盤形だった **[上]**。深い繰形が、とりわけ下側に施された（ノルマン時代の例のように、真上に直方体ブロックが載っていることはない）。スティッフ・リーフと呼ばれる厳格な植物紋様も広く見られた **[中央]**。柱礎の頂部には、ウォーター・ホールディング繰形と呼ばれる特徴的な溝が彫られた **[下]**。

華飾式

13世紀以来、ゴシック建築はその厳粛な外観を失いはじめ、さらに装飾的になっていった。次のこの段階は華《か》飾《しょく》式の時代と呼ばれる。1280年代から1350年頃までに建立された教会堂は高さよりも幅を重要視する傾向があった。増築、あるいは再築された側廊の幅は従来よりも広くなり、壁体の開口部も大きくなった。尖塔屋根は、豊かな寄進者のおかげで、これらの小教区教会堂においても広く見られる特徴となり、まだブローチ形式が使われることもあったが、14世紀にはパラペット（胸壁《きょうへき》）の背後に尖塔屋根が引っ込んだ新たな形式がさらに伝播していった。「ボールフラワー」と呼ばれる、彫刻を刻んだ小さな球体が特徴的な装飾細部であり、それらは開口部、とりわけ、扉口の周囲に見られる［図2.11］。通常、14世紀前半のものである。この時代の末には、オジー・アーチ（双曲線アーチ）が導入された［図2.14］。下半分が外側に膨らみ、上半分が内側に膨らんで頂点を結ぶアーチである。扉口やベルフリー（鐘楼《しょうろう》）開口部に見られた。

しかし、最大の特徴にして最も独特なのはこの時代の窓である。何世代か経て、単純なランセットが、精妙に組み合わされた紋様を描くひとまとまりの装飾へと発展した。最初の段階として、複数のランセットをそれぞれ個別に配する

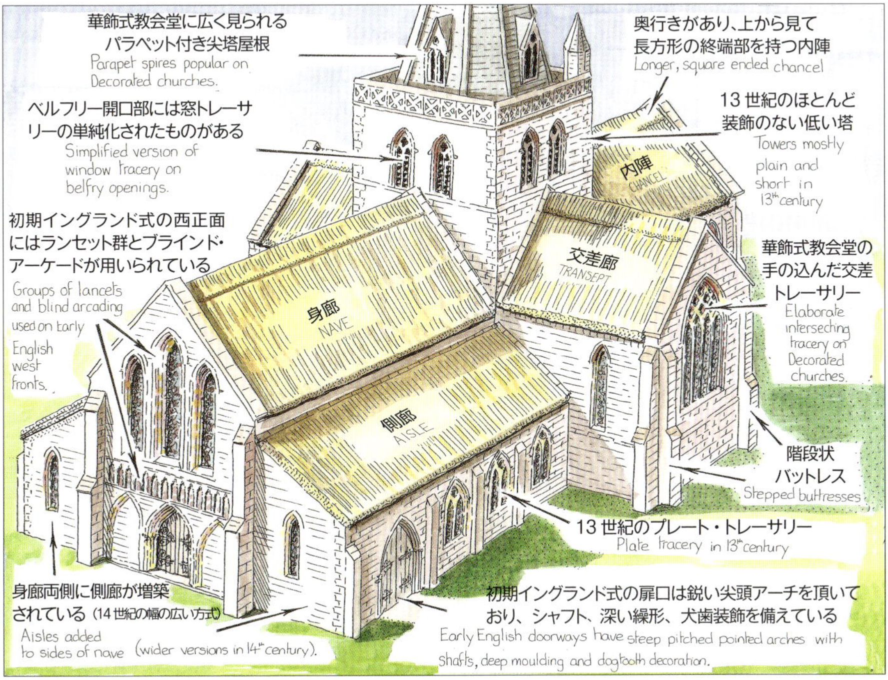

図2.10
この時代に出現した大規模小教区教会堂。その特徴のいくつかを表示した。

図2.11
ボールフラワーと呼ばれる中空の球状装飾は華飾式教会堂の特徴であり、とりわけ、14世紀初頭によく見られた。

のではなく、単独のアーチを描くフード・モールド（覆い繰形）（真下の開口部に雨水がかからないよう設けられたもの）の真下に複数のランセットをまとめるようになった。上部の隙間は小さな窓を空けることで巧みに埋められている。このプレート・トレーサリーはさらに、表面に刻まれた石造リブ（骨組）で形成された同様の紋様（バー・トレーサリー、または幾何学的トレーサリー）に取って代わられた。14世紀初頭も明ける頃には、これらが石工たちに大きな自由を与え、手の込んだ紋様を作ることができるようになった。通常、交差トレーサリーと呼ばれるアーチを反復した紋様や、網状トレーサリーと呼ばれる、S字形を網状に絡ませて連ねたもの（実際はオジー・アーチを交差させて形成する）があった。14世紀半ばには、デフォルメされた涙滴のような形の曲線トレーサリー、または流線形トレーサリーと呼ばれる不規則な紋様が登場し、石工たちの技芸が余すところなく示された。

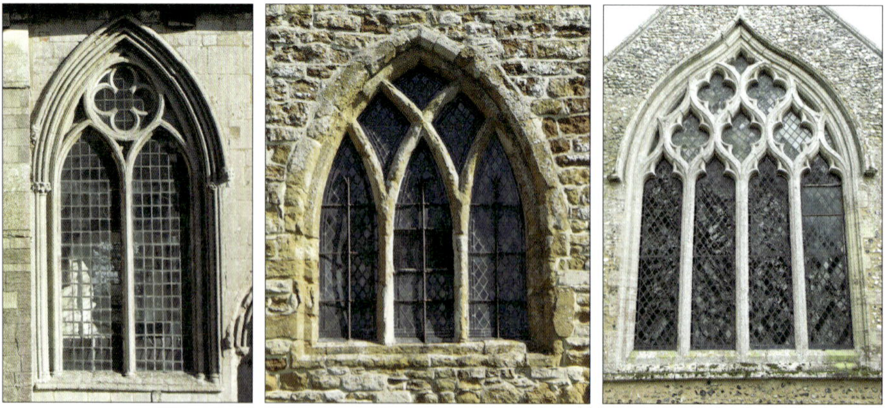

図2.12
トレーサリーを備えた華飾式窓の例。プレート・トレーサリーの堅固な部材をバーに換えた幾何学的トレーサリー**［左］**は、交差トレーサリー**［中央］**や網状トレーサリー**［右］**のような新たな形態へと急速に発展していった。初期の例ではアーチ頂部に簡素な環状装飾が見られたが、13世紀末よりカスプ（アーチ内側の尖った装飾）を持つ傾向が高まった。これらはバーの側面に沿って設けられた小さな彫刻部材であり、開口部の頂部に葉状紋様を形成する**［右］**。形成された各葉状装飾を「フォイル」といい、それゆえ、三つ葉装飾は「トレフォイル」と呼ばれる。

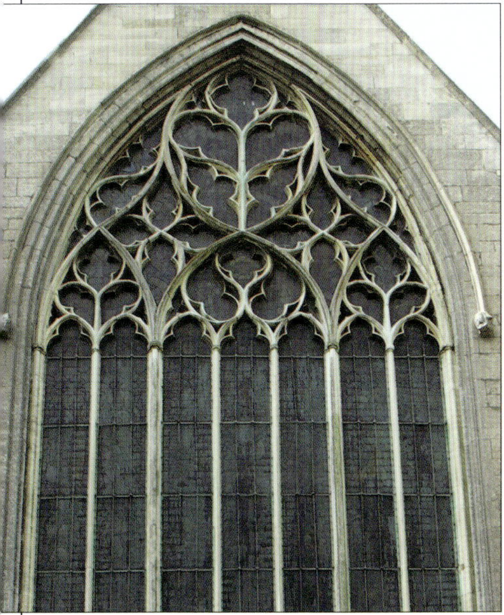

図2.13
流線形トレーサリー、あるいは曲線トレーサリーは華飾式の最も重要な特徴であり、14世紀半ばに登場した。信じられないほど複雑で蛇行する紋様がカスプによってさらに強調されている。

図2.14
リンカンシャー州ボストンの手の込んだ扉口の例。最良のフランボワイヤン（火炎式アーチ）に華飾式の優れた例が見られる。双曲線を描き頂点を結ぶオジー・アーチはこの時代の特徴である（さらに次の時代にも多く見られる）。側面に沿ってニッチ[1]が並んでいて、現在は空だが、当初は着色し金色に輝く聖人たちや主要な聖職者たちの彫像が収められていた。おおむね、これらは宗教改革以降に破壊された（第４章）。

1） 彫像などを飾る壁面のくぼみのこと。

図2.15
尖塔屋根と塔の正方形の屋上の間の接続部がバトルメント（鋸歯《きょし》状胸壁）の後ろに隠されていることから「パラペット付き尖塔屋根」と呼ばれる尖塔屋根が見える（バトルメントを設けることで塔の頂部に梯子を掛けることができるので、メンテナンスが容易になる）。パラペット（胸壁）背後に落ちる水を排するために、開口部は水が流せるように作られていて、すぐ下の基礎に水がかからないようにガーゴイルと呼ばれる中が空洞になった彫像が設けられた。尖塔屋根の隅部には「クロケット」と呼ばれるフック状の突出部があり、当時はこれらも広く用いられた（P. 96）。

図2.16

支柱は八角柱、または四角柱で、４本、あるいは８本のハーフ・シャフト（半分だけ浮き出た柱身）が付いている（上図では4本）。真上の尖頭アーチには従来よりも浅い繰形が設けられている。シャフト中央に沿って「フィレット」と呼ばれる平坦なストリップ（帯状装飾）が13世紀末から14世紀初頭にかけて用いられた。

図2.17

柱頭には環状の繰形を備えた簡潔なものや、樫や楓のような特定の木をかたどった、もっと写実的な葉の茂った紋様を備えたものがあった。人像も見られた。上の図では、フィレットがシャフトに沿って設けられていることに注目。

図2.18：1300年頃の教会堂の作例

農村が発展すると、教会堂側面には新たな側廊が増築されて収容人員が増え、幅の狭いランセット窓を備えた奥行きのある新たな内陣が建設された。司祭は教会堂構内に自らの住宅を持ち（左上方）、敷地内には家畜のための囲いもある。

事例紹介

図2.19：ノーフォーク州ウェスト・ウォルトン
教会堂本体から離して建てられた初期イングランド式の荘厳な塔。幅の狭いランセット、プレート・トレーサリー、ベルフリー開口部［図2.6］、および、鋭い尖頭アーチを頂いた扉口を備えている。塔を教会堂本体から離して建てたのは、基礎が貧弱だからである。

図2.20：リンカンシャー州スタンフォード
ランセットのブラインド・アーケード（開口部の埋まったアーチの連なり）が積層し、ブローチ付き尖塔屋根を頂いた手の込んだ作りの塔。

図2.21：ベドフォードシャー州フェルマシャム
初期イングランド式の小教区教会堂の素晴らしい例。この図では注目すべき西側正面が見られる。ランセット、ブラインド・アーケード、プレート・トレーサリーが、この建造物への典礼用の入口を美しく飾っている。両脇の側廊が極めて幅が狭いことに注目。

図2.22：レスターシャー州ケグワース
ほとんど改築されていない華飾式教会堂。パラペット付き尖塔屋根、幅の広い側廊、特徴的な網状トレーサリー**（中央）**と交差トレーサリー**（右）**を備えた窓が見られる。尖塔屋根の開口部は採光口（スパイア・ライト）と呼ばれ、内部を換気して、すぐ下の木造構築物が湿気のために腐るのを予防するのに重要な役割を果たしている。

図2.23：チェシャー州ナントウィッチ
主に14世紀以降の大規模な町教会堂。手前の窓には特徴的な流線形トレーサリーが見られ、上部にはオジー・アーチを描く繰形が施されている。当時、八角柱形の塔は広く建てられた。ここでは華飾式の大きなベルフリー開口部と、その直上にオジー・アーチをかたどる繰形を備えている。

図2.24：ノーフォーク州サートン
今日でも当初の要素をよく残している教会堂のよい例。藁葺き屋根、塗り壁、窓は14世紀初頭のものである。

図2.25：リンカンシャー州ヘキングトン
驚くべき華飾式のポーチ（奥行きのある主要な扉口のこと）。特徴的な尖頭アーチの上に、紋章シンボルと彫像の周囲を流れるように茂る葉状装飾帯が見られる。

図2.26：レスターシャー州バートン・ラザーズ
この時代の多くの教会堂はまだ慎ましやかな規模にとどまっており、塔は備えていなかった。だが、この例ではベルコート（小鐘楼）が見られる。多くのほかの教会堂では、構内に木造鐘楼が単独で建っていた頃である。ベルコートが2本あるのはレスターシャー州東部とラトランドの教会堂の大きな特徴である。

図2.27：ノーサンバーランド州ヘクサム
特徴的な初期イングランド式の幅の狭い開口部を備えた教会堂の素晴らしい内部。中間の開口部の列は「トリフォリウム」と呼ばれ、ノルマン時代の大規模教会堂には広く見られたが、その後は稀なものとなった。アーチの深い繰形と柱頭頂部の正方形の板状の部分（アバクス）に注目。

第3章

垂直式の教会堂
Perpendicular Churches

1350-1530

図3.1：サウス・ヨークシャー州ハイ・ブラッドフィールド
ピナクル（小尖塔屋根）、パラペット（胸壁）、バットレス（控え壁）、突出した塔がゴシック建築の最終段階、つまり「垂直式」を特徴づける。この教会堂では当時の特徴である勾配の緩い屋根が見られ、それによって側廊の上にある高窓の列、クリアストーリーを加えることが可能になっている。こうして内部がさらに明るく広やかになったのである。

13世紀がイングランドの人口が増えた時代だとして、14世紀には減少に転じたのは確かである。1315年以降の凶作、1348年以降の黒死病[1)]と数十年にわたるその定期的な再発により、人口が半減したところもあった。これらの災厄は人々を階級の差別なく襲い、貴族や高位聖職者も農民と同様、免れることができなかった。その結果、農業に従事する人手が不足し、封建制の緩やかな衰退が始まった。不幸な境遇にある者たちが隷属的な村の生活を捨て、中には数世

1) ペストのこと。14世紀にヨーロッパで流行した疫病。

代の内に自身の家産を蓄える者も出てきたのである。修道院や諸侯の多くが、地代や遺産からの収入が下がり、その数も減って衰退していったのに対し、新たな教会堂建立のために出資したのは、多くは新たなジェントリー[1]階級、主に羊毛商人たちだった。

「死すべき運命」への恐れと死後の世界への没頭が、当時の教会堂には現れている。豊かな者たちは浄罪界《じょうざいかい》への通行を容易にしてもらうために、従来から聖職者たちに寄進していたが、ついに彼らの小教区教会堂の中に、寄進者の魂のためにミサを挙げるための「詠唱《えいしょう》祭室」を建てるようになった。聖歌が詠唱される（チャント）ので「詠唱祭室」（チャントリー・チャペル）という。富裕層の追悼記念碑の等身大の肖像彫刻の直下には外から見える空間があり、そこには骸骨の彫刻（カダヴァー）が置かれた。彼らも貧困層と同じ運命を被ることをはっきりと示すものである。内陣アーチの真上の《最後の審判》の図像は、身廊に集う文盲の大衆に正道をそれると身に降りかかってくるものを容赦なく思い起こさせた。

図3.2：サマセット州ウィンズコム
羊毛はまだ大規模な商いだったが、当時は未加工の材料として輸出されることはなく、イングランド国内で編まれることとなっていた。コツウォールズ、サマセット、サフォークのような地域で盛んであり、羊毛の取引によって地域史上、最も潤った。そうした羊毛産業や服飾の輸出港で働いていた商人たちが新たな身廊、祭室、そして、この魅惑的な例のように最も注目すべき巨大な西塔の建立に出資した（内陣はまだ聖職者に属するものだと見なされていた）。

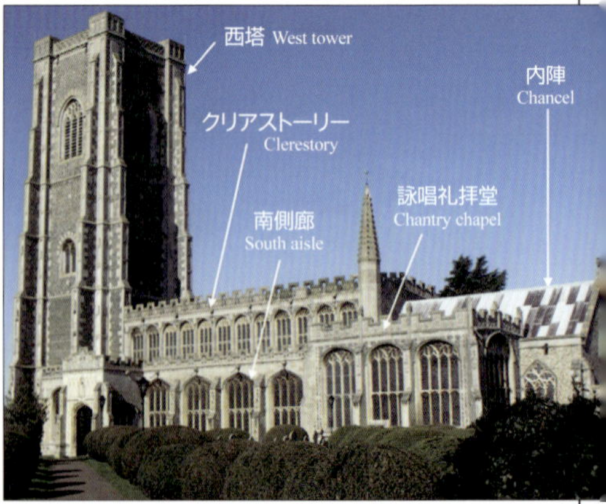

図3.3：サフォーク州ラヴェナム
この時代の大きな特徴は、多くの「詠唱祭室」（寄進された祭室）が提供されたことである。既存の建造物をそのまま使用するか、あるいは再築するかして、寄進者の魂のためにミサを挙行するための祭壇を提供することもあった。また、新たな独立した建物を増築することもあり（この場合は「詠唱礼拝堂」）、通常、この例のように内陣の片側に隣接して建てられた。

1） 貴族の下、農民の上に位置する中産的社会層のこと。

当時の教会堂は、このように陰鬱で絶望的な印象を与えるが、同時に、それまでに建てられたものの中で最も栄光に満ち、記憶に残るものだった。教会堂の内部が、外部と同様の重要性を帯びるようになったので、大工とガラス工の技は石工の壮麗な仕事に見合うものとなった。身廊と内陣の間の、幅が広くて装飾の施された障壁《しょうへき》(スクリーン) や精妙に並べられた色彩豊かなステンドグラスが、さらに光に満ち、広やかに設計された空間を明るく照らしていた。内陣アーチと側廊への開口部は大きくなり、柱頭のない細い円柱が並んでいて、目はクリアストーリーと呼ばれる、身廊上部に並ぶ窓列へと導かれる。雨樋《あまどい》の発展や鉛板《えんばん》の使用のおかげで、これは多くの教会堂で実現可能になった。身廊の壁体上部の、側廊小屋組によって隠される部分が少なくなったので、多くの教会堂でクリアストーリーを設けることができるようになったのである。また、これにより、外周にパラペットが巡るようになり、そこに規則的な間隔でガーゴイルを加えることで雨水がすぐ下の壁体にかからないようになっている。バットレスは、開口部が大きくなって強度の落ちた壁体を支持するのになお重要であり、さらに大きく突出するようになった。また多くの段が設けられて雨水をそらすようになっていた。だが、同時に以前よりも薄くなってもいた。

垂直式教会堂の目をひく特徴は、高窓全体に縦に走るバー（マリオン）の使用である。これは14世紀半ばに登場し、従来の華飾式からの影響も残り、まだ上部に曲線バーを備えていることも多かった。15世紀には、縦方向のバーは小さな長方形パネルに分割されていった。この時代を通じて尖頭アーチは徐々に平らになっていき、当初は華飾式のものと似ていたが、最終的

図3.4
パラペットは垂直式教会堂で広く見られる特徴で、堅固な壁体に紋様 **[左]** をうがつこともあれば、バトルメント (鋸歯《きょし》状胸壁) **[右]** を備えることもあった。ピナクル **[左]** とガーゴイル **[右]** も広く用いられた。

には、幅を増したことが強調されて、下部は小さな半径の円孤、上部は大きな半径の円孤によって描かれるアーチが作られた。これは４種類の円弧からなるので四心《ししん》アーチと呼ばれる **[図3.8中央]**。16世紀を迎える頃には、上にフード・モールドのある長方形の窓が広く見られるようになった。オジー・アーチ（２本の向かい合わせの「S字」形からなる）は窓、ベルフリー開口部や扉口においては引き続き広く見られた。この時代には、勾配の緩い屋根と精妙な装飾を備えたポーチ[1] が増築されたり再築されたりすることも多かった。また、その上に司祭室、学校、倉庫となる部屋を持つものもあった。

しかし、この時代の最も大きな特徴は、塔である。従来も多くの塔が建立されてきたが、競合する各地の信徒たちにとって自分たちの教会

1) 多重アーチを頂いた、奥行きのある主要な扉口のこと。

堂の力を見せるための装飾品となったのは、この時である。既存の低い塔がピナクル、パラペットや大きな階段状バットレスを伴って、高く作られた。バットレスは増築されたり何もないところから新築されたりした。そのそびえ立つ構築物は、ストリング・コース[1]により数層に分けられた。ベルフリー開口部は従来よりも大きくなる傾向があり、塔本体は単純で上質な切石《きりいし》で出来ている一方で、頂部には多くの装飾が見られるようになった。これらの巨大な構築物が西端に増築されることも普通に見られるようになり、塔が高くなったので、尖塔屋根は不要となって、この時代には稀なものとなった。

1) ファサードを横断する水平方向の帯状装飾のこと。

図3.5
もっと古いポーチも残ってはいるが、現存する中世のポーチのほとんどはこの時代のものである。ポーチは既存の側廊や身廊に増築されることが多く、内側の扉口が古くて、外側の開口部は、オクスフォードシャー州バーフォードのこの例のように魅力的に装飾されている。

図3.6
西塔群はこの時代の特徴であり、水平繰形によって数層に分けられていた。大きなベルフリー開口部を備えている。隅部《ぐうぶ》のバットレスは全体を支持するのに重要で、従来より薄くなっているが、もっと大きく突出するものとなった。段数の多い階段のような形状である。ニッチ（壁の一部に設けられたくぼみ）で装飾されたものも見られ、当初、ニッチには彫像が収められていたようだ。

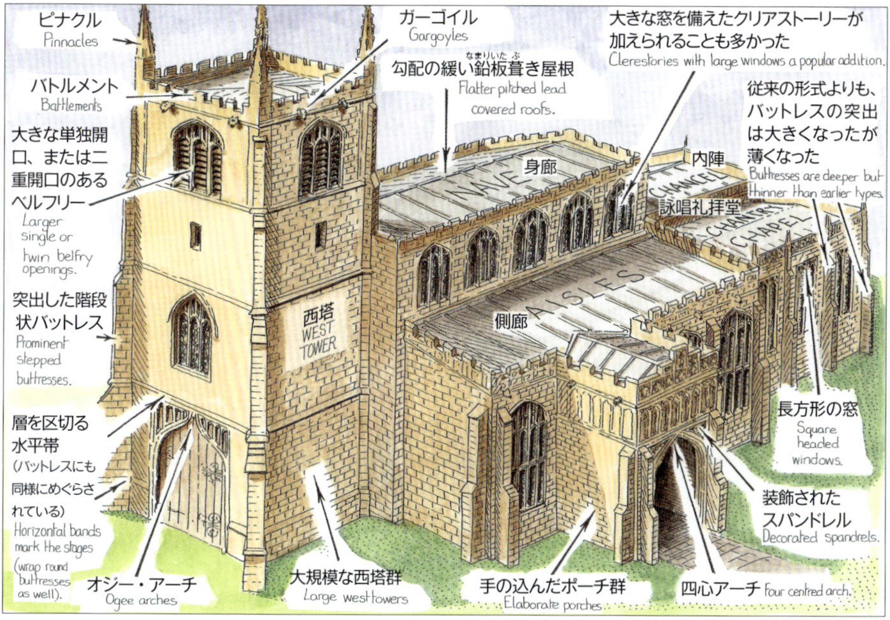

図3.7
大規模な垂直式教会堂。特徴的な部分に説明を付けた。

図3.8
14世紀末の窓は、まだ険しいアーチを備えていて、頂部に曲線要素があった。だが、従来の華飾式の形式よりも、トレーサリーにおいて特に鉛直方向（水平面に対して垂直方向）の要素が強調されている **[左]**。次の世紀にはさらに幅が広くなる傾向がでてきており、上から下まで通っている縦方向のバー（マリオン）を備えるようになった。真上には緩い四心アーチがある **[中央]**。さらに後の形式としては、長方形のものもあり **[右]**、このように水平方向のバー（トランサム）が窓を強化しているのが、この時代の特徴ともなっている。

図3.9
通常、扉口は尖頭アーチ［**左**］、緩い四心アーチ［**上**］、あるいはオジー・アーチを備え、その上に方形フード（覆い）か装飾帯が施されている。アーチ両脇の三角形状の部分（スパンドレル）は彫像や紋章で満たされており、とくに後者は広く見られる装飾の特徴である。アーチの繰形は、幅が広くて浅いくぼみを備える傾向があり、抱《だ》きへと続いていくリブとリブの間に方形の花状装飾が挿入されることもある。通常は柱頭がない。

図3.10
当初、支柱は細く、八角柱で、ハーフ・シャフトが付いており、真上に柱頭を備えたものが多かった。通常、繰形が施された［**左**］。後の例では、支柱にアーチの下まで繰形が施されることが多く、小さな柱頭が付くか柱頭がない場合もあった［**右**］。アーケードのアーチは従来のものよりも少々勾配が緩くなっている。

図3.11
方形の花状紋様は、この時代以降、特徴的な装飾細部となった。通常、扉口周囲の繰形における幅が広くて浅い溝に見られ、間には大きな間隔を空けていた。

図3.12
石造リブで形成されたヴォールト天井[1]は、元は修道院だった場合を除き、小教区教会堂では滅多にお目にかかれない費用のかかる贅沢だった。だが、この時代には礼拝堂・祭室やポーチにも見られるようになった。リブ・ヴォールト **[左]** では中央の接合部に装飾的なボス（鋲《びょう》状装飾）が見られた。また、石工術の美しいファン・ヴォールト **[右]** もあった。

1) 石材やれんがによるアーチによって形成された天井のこと。

図3.13：1500年頃の教会堂の作例
黒死病により村の規模は小さくなったが、生き残った村の多くは後に繁栄し、その資金を教会堂に注いだ。身廊と側廊は再築され、新たに勾配の緩い屋根が架けられて、西塔が増築された。だが、聖職者たちは内陣にほとんど資金を投じておらず、おおむね従来のままだった。

事例紹介

図3.14：サフォーク州ロング・メルフォード
この有名な小教区教会堂は15世紀末頃に建てられた。勾配の緩い屋根が架かった身廊、クリアストーリーの大きな窓群、大きく突き出たバットレスが支える身廊はこの時代の特徴である。手前のゲーブル（三角破風《はふ》）を備えた増築部分は1500年頃に増築されたレディ・チャペル（聖母礼拝堂）であり、塔は20世紀の初めに再築されたものである。南面と東面は、石材、および、ナップド（表面が平らになるように裁断された）・フリント **[図0.3]** によって装飾され、フラッシュワーク[1] **[図0.3]** と呼ばれる紋様を形成している。

1） 2種類の石材を同じ平面上に加工して並べたもの。

図3.15：デヴォン州ストーク・イン・ハートランド
15世紀に建立されたこの例には、突出したバットレス、ストリング・コース、バトルメント（鋸歯状胸壁）といった垂直式の特徴がある。

図3.16：グロスターシャー州チッピング・カムデン
特徴的な暖色系のコツウォールズ石灰岩がピナクル、バトルメント、大規模な西塔で用いられており、この地域に建てられた「ウール・チャーチ」の特徴となっている。当初の教会堂は15世紀末に再築された。おそらく、当時賑わっていた町の富裕な商人と仕立て屋が資金調達したのだろう。

図3.17：サマセット州リングトン

サマセット州ほど見応えのある塔が林立している州は他にない。あまりに多いので、地域によっていくつかの形式に細分化されるほどである。主にこの時代の羊毛産業によって資金調達されていて、この例のように大きなベルフリー開口部を備え、手の込んだ装飾が施された塔が多い。身廊と側廊にも同様の垂直式の処理が施されている。身廊東端の小規模なベルコート（小鐘楼）にはサンクトゥス・ベルが収められていて、ミサの間のさまざまな時に鳴らされていた。

図3.18：チェシャー州アスベリー

この素晴らしい村教会堂は様式の変化を示しており、窓が大きく拡張されている。下の側廊の窓列は1300年頃のものであり、単純な幾何学的トレーサリーを備えている。一方、上部のクリアストーリー窓は前者よりも大きくなっていて、その間には壁面がほとんど見られない。おそらく15世紀末の身廊が再築されたときのものだろう。

図3.19：ノーフォーク州コーストン

マナー（荘園）の領主だったサフォーク伯により1385年以降に投じられた資金で一部再築された教会堂。その特徴的な垂直式の塔（不思議なことに簡潔なものだが）と南ポーチがその紋章を掲げていて、このような紋章的シンボルはこの時代の大きな特徴となっている。

図3.20：シュロプシャー州タング
マナー（荘園）の領主未亡人によって15世紀に再築された参事会聖堂。そこでは領主の魂のためにミサが挙げられた。当時、このように創設されたものは多く、大きな教会堂に付属して少人数の聖職者団体である参事会が設けられたのである。この写真の右手にかつてあった建造物群は今はもう跡形もないが、このタイプの建造物群に含まれることが多かったアームズハウス（救貧院）の一部が残っている。

図3.21：サフォーク州ラヴェナム
垂直式建築の真に驚くべき点は内部にある。クリアストーリーと側廊の大きな窓から、特徴的な木製梁《はり》の見える天井の下の広々とした身廊に光が注ぎ、石工の技だけでなく大工やガラス工の作品を照らしていた。当初、内部は天井も含めて彩色されていたと思われ、天井の多くは彫刻されたボス（鋲状装飾）、装飾的なパネル、梁が壁面と接するところから飛翔する天使の木像によってさらに美しく装飾されていたと思われる。

図3.22：ハートフォードシャー州アシュウェル
ベルフリー開口部、南側廊窓、２層ポーチといった15世紀の特徴を備えた教会堂。この教会堂は、塔の基部の内側に刻まれたグラフィティで有名である[1]。そこにはこの地域を荒廃させた黒死病の流行といった身の毛もよだつ出来事が記録されており、古きセント・ポール司教座聖堂の唯一の図像も含まれている。

1）内壁面に絵と文字のようなものが刻まれている。

第4章

テューダー朝、ステュアート朝、ジョージアン時代の教会堂

Tudor, Stuart and Georgian Churches

1530-1830

図4.1：スタフォードシャー州ロンノ

1780年以降のこの例のように、ジョージアン時代の教会堂の特徴は、側廊のない一体の大空間に身廊と内陣が含まれていることと、円柱と半円形アーチの窓のような、古典主義的形態の使用である。古代以来、この様式が主流であったにも関わらず、ロンノのこの塔に見られるようなゴシック的細部も用いられており、この時代の終わりに向かうほどこの傾向が増してくる。

ヘンリー８世が最初の妻と離婚しようと試み、後に彼女とカトリック教会の双方と別れたことは、イングランド中に劇的な変化をもたらした。王はすでに存在していた高位聖職者たちに対する不平不満に乗じたのだが、1530年代のイングランド国教会創設と修道院解散がもたらした変化は、騒々しい宮廷の人間関係の輪の中で起きたことなど何も知らない信徒たちには衝撃を与えたのである。この宗教改革により、ルード・スクリーン（身廊と内陣の間の木製、または石

造の障壁《しょうへき》のことであり、その上に「ルード」という大きな十字架が設けられた）の背後で、たいていの場合、目に触れぬようにラテン語で執行されていた神秘的な典礼は、司祭が説教壇《せっきょうだん》から母国語で説教をなす礼拝へと変わった。これ以降、100年以上にわたって、州長官などによるさまざまに熱心な破壊の時代が続き、ほとんどの教会堂の内部は、豊かに彩色され、暗く、堂々たる経験をもたらすものから、漆喰《しっくい》で白く塗られた壁面、開放的な平面、窓の透明なガラスにより明るく清潔なものとなった。

ほとんどの教会堂は、建設活動としては、この時、停滞と衰退の時代を迎えていた。修道院のような、中世の再築の背景となってそれを推進した力はなくなるか、人々の関心は他のことに向いたのだった。これは、とりわけ、地元のジェントリー（中産階級）について当てはまり、宗教改革期に詠唱《えいしょう》礼拝堂・祭室が禁止されたことで、地元の教会堂の資金を出すことに関心を失い始め、それに代わって、着実に増加する富を、大きく新しいカントリー・ハウス（農村地帯の大邸宅）によって表すようになった。ほとんどの場合、テューダー朝（1485～1603年）末からステュアート朝（1603～1714年）にかけての教会建造物は、危険な状態になったり、倒壊したりした教会堂の一部を更新するものにとどまった。ロンドン大火（1666年）が起きるまで、完全に一から建てられた教会堂はほとんどない。この大火による荒廃を受けて、政府高官たちは建築家のクリストファー・レン卿に、50棟以上の炎に包まれた中世の構築物の再建を依頼することとなったのである。

ジョージアン時代[1]には村と町の両方で大きな変革があった。カントリー・ハウスの立地がファサードと同じくらい重要になり、大きな庭園を作ることで村落全体が消失した。通常、古い小教区教会堂は放置されて残るか、新しい敷地に再建された。そのぼろぼろのゴシックの構築物は、ほとんどの場合、所有者の新古典主義の豪邸とはそぐわず、そのため、塔の上のドームのような最新流行の飾りをいくつか加えたり、古い教会堂はほとんど残さずに、新たな教会堂を建立したりしたのである。

急速に増大する都市人口は、教会にも対応を強いた。だが、収容人員の拡大のために身廊自体を再築したり、内部にギャラリーを設けたりするほかは、教会はこれらの新たな信徒たちの心と精神に訴えかけるようなことを、ほとんど

図4.2
修道院の解散に伴い、古い大修道院や小修道院の教会堂の多くは小教区に与えられた。イングランドの教会堂の多くは、当初、修道院のものだったが、必要以上に大きく作られていたため、一部だけが使用され、他の部分は取り壊されるか放置されて廃墟となっていった。ダンスタブル小修道院のこの例では、身廊と側廊は維持されたが、中央塔とその向こうの内陣は取り壊された。

1）1714年～1830年。ハノーファー朝初代の王ジョージ1世からジョージ4世まで4代にわたって「ジョージ」という王名が続いたのでこう呼ばれる。

図4.3
クリストファー・レン卿（1632-1723）は、初期の多くの建築家たちと同じく、当初は他の職業に従事していた。彼の場合は才能あふれる科学者だったが、いくつかのアマチュア・デザインを経て、突然、1666年の大火後のロンドンの教会堂群再建を主導することとなった。そのデザインは巧妙で、セント・ポール主教座聖堂のようなバロック的作品からセント・ブライド教会堂のこの例のように創意豊かな尖塔まで（現代のウェディング・ケーキに着想を与えたと言われている）、多彩なものだった。これらはイングランド国教会のために建立された最初の古典主義による信仰の場であり、以降150年にわたって標準であり続けた。再建事業の最盛期には、同時に30棟近くが建設中であり、彼が設計した51棟のほとんどが1686年には竣工していた。

図4.4
カントリー・ハウスの周囲に庭園を設計するときに主要な要素として、アイ・キャッチやフォリー（用途のない装飾用の建物）が用いられた。これらの構築物は訪問者を驚かせ、所有者の土地の境界が伸びやかに広がっていることを印象づける役目があった。また、彼らの想像上の古代ローマ世界のイメージを繰り広げようともした。自身を、中世の騎士ではなく古代ローマ貴族の子孫とみなしていたのである。多くのカントリー・ハウスの所有者たちと同じように、フランシス・ダシュウッド卿は、バキンガムシャー州ウェスト・ウィカムの新たな住宅を望む丘の頂上の中世の古い教会堂を場にそぐわないと判断し、身廊と塔を改築した。しかし、まだ聖職者たちが所有していた内陣はそのまま残した。卿は巨大な金の球体を頂部に加えた。その中で悪名高いヘルファイア・クラブ[1]が開かれたといわれている。

何もしなかった。この怠慢により、メソジスト派やバプテスト派のような反国教会派の拡大を許すこととなり、とりわけ、18世紀末から19世紀にかけて、数千の礼拝堂の建立が新たな町の景観の主な特徴となった。

1） 秘密結社として悪魔主義を標榜したが、実態は上流階級の秘密の社交クラブだった。

図4.5
礼拝堂は18世紀と19世紀の著しい特徴である。ピーク・ディストリクトのこの例のように、人里離れた共同体のために建設されたものもあれば、バプテスト派やメソジスト派のような新たな反国教会派のためのものもある。ほとんどは単純で左右対称の構築物であり、一体となった大きな空間で、その内部にはギャラリーがあり、単純な半円形アーチ窓を備えている。

時代の変化に対して聖職者たちの多くが距離を置いた理由の一端は、当時、そこが自分たちよりも貴族やジェントリーの息子たちにとってふさわしい場所のように見えたからである。禁欲の戒律に服する貧しい中世の小教区の司祭はいなくなり、彼らも今や、上流階級の一員となって、妻帯し、家族のため、彼らが属するサークルを楽しませるのにふさわしい上質な住宅を求めるようになった。多くの町と村では、この時代以降、最も主要な教会建造物は司祭館となった。

テューダー朝、ステュアート朝、ジョージアン時代の教会堂

宗教改革後の100年間に建設された数少ない例は、長方形の窓が広く使われていたのを除けば、まだそれ以前のものと同様の形態だった。だが、この時代の最も明白な特色として、れんがの使用がある。通常、この段階では南部と東部に限定されていたが、18世紀には最も広く見られる材料となっていた。もっとも、壁面は石材で化粧されるか、そう見えるように処理されていた。

1660年の王政復古に伴い、従来は試行的に用いられていた古典主義様式が主流となり、ロンドン大火の余波でレン卿が教会堂群を再建したときには、この様式を思いのままに使えるようになっていた。半円形アーチが復活し、大きく目立つ迫石《せりいし》が用いられ、中央にはキーストーン（アーチ頂部の中央の石材）が強調されている。窓は大きな長方形の格子に透明ガラスがはまったものとなり、通常、頂部は半円形となっている。一方、外壁は質の高い切石を積んで作られ、ピラスター（壁面に付いている平坦な柱状装飾）を備えた魅力的なものもある。

その他の主な変化として身廊と内陣の形態が挙げられる。礼拝は信徒たちの目前で執行されるようになったので、身廊と内陣はもはや仕切られていなくてもよくなった。増加する人口に対応し、荒廃した建造物群を更新するために建てられた新しい教会堂と礼拝堂は、一つの屋根に覆われた、上から見ると長方形の非常に大きな建造物の中にすべて含まれるようになった。収容人員を増やすため、中世の教会堂のように側廊は増築されず、北側から西端をめぐり南側にいたる内部ギャラリーが建設された（厳密にいうと、円柱は巨大な単一の緩勾配の屋根を支

図4.6
宗教改革以前も、エセックス州などの東部のいくつかの州ではれんがが使われていたが、広く伝播していったのはこの時代のことである。テューダー朝時代には、まだ贅沢品だとみなされており、16世紀のこの例のように、扉や窓の周りを形成するために裁断されることが多かった。テューダー朝時代のれんがは、通常、その場で地産の粘土を元に手作りされていた。それらは薄く、不定形で、モルタル[1]の太い目地の中に配された。ジョージアン時代には標準化され、規則的に積まれるようになったが、広まるにつれて、石材を模して見えるように上から被せて加工されることが多かった。

持するのに用いられていて、両脇に沿って側廊のようなものを形成していた)。大規模な教会堂において塔はまだ建てられていた。円柱が数段に積み重ねられ［図4.9］、頂部には尖塔屋根か単純なドームが載せられたものもあった。下方の構築物自体は一般的に簡素であり、幅の広いベルフリー開口部が設けられた。ほとんどの開口部は半円形アーチを頂いていたが、18世紀末から19世紀初頭にかけては、「ゴチック」形式の(この様式とヴィクトリアン・ゴシックを区別するために語尾に「k」を付けて「Gothick」とつづるが、カタカナ表記をするとどちらも同じ表記となるので、本書では「シ」ではなく「チ」とする)、平坦な頂点を持つ「Y」字型トレーサリーを備えていた。

1) セメントなどの接合材と砂などの細かい材料(細骨材)を適量ずつ混ぜ、水を加えて練り上げたもの。

図4.7
17世紀末以降、貴族階級の主要な居館を設計する建築家が、ウスターシャー州ウィトリー・コートのこの例のように、居館付近によく建っていた教会堂にも影響を及ぼすことが多くなった。これらは教会堂の所有者の気まぐれによって左右され、派手なバロックから厳格な新古典主義まで、最新の建築様式を示している。建築家が教会堂の設計者として石工に取って代わったのである。外国の様式が使用され、この時代の終わりに近づくほど、その地域外の材料が用いられるようになったことも、中世以来の、土地に根ざした建造物の時代に終焉をもたらした。

図4.8
バロックは17世紀末から18世紀初頭にかけて多く見られる様式だった。これはバーミンガムのセント・フィリップ主教座聖堂（1715年に小教区教会堂として聖別[1]された）。ジャイアント・ピラスター、背の高い窓、壷が載る手摺りの付いたパラペット（胸壁）など、あふれんばかりの装飾が主な特徴である。

1) 俗界から区別された聖なる建造物として献堂すること。これによって正式に「教会堂」となる。

図4.9
パラーディオ風建築[2]は18世紀半ばに広く見られた。カウンティ・ダラム州ギブサイドのこの例もその一つであり、1760年代のものである。これはさらに洗練された様式であり、豊かな装飾よりも正確な比例関係を保つことに重きを置いている。

2) ファサード中央にペディメント（三角破風）を頂いた古代神殿の正面をかたどった玄関ポーチが突出しているのが特徴の建築様式。

図4.10
18世紀末から19世紀初頭にかけて、新古典主義様式が教会建造物に影響を与えている。ダービーシャー州バクストンのこの教会堂もその一例。古典主義的形態は新たな方法で用いられており、装飾を塔、および、建造物端部を横切る大きなポルティコ（柱廊）に限定することが多く（この写真右手のものは後に施された）、それにより建造物が厳格に見えるだろう。

図4.11
古典主義様式の方が圧倒的に多く使われていたが、ゴシック的な形態も使用された。当初は、スタフォードシャー州ストーンのこの例のように、古典主義の建造物に不正確な細部が再現されており、特徴的な「Y」字型の窓トレーサリーを備えている。19世紀初頭には単なる装飾にとどまらなくなってくる。

図4.12：1800年頃の教会堂の作例
村は成長したが、教会堂は従来のままであり、放置されているのが明らかである。増築されたのは半円形アーチを頂く新しいポーチと塔の頂部のドームのみである。一方、新たな素晴らしい司祭館が教会堂構内の奥の方に建てられていて、右手にはマナー・ハウスが見える。

事例紹介

図4.13：チェシャー州マクセルズフィールド
ほとんどのジョージアン時代の教会堂は、カントリー・エステート（荘園）の一部として、あるいは拡大してできた新たな町の礼拝のために建てられた。マクセルズフィールドのクライストチャーチにあるこの例は後者であり、1776年に開設された。この時代には、通常、このような建造物は在地のジェントリーか産業人の資金で建てられた。隣接するテラス・ハウスの向こうにそびえるこの構築物の資金を出したのはチャールズ・ローであり、この町の絹産業の創設者と名高い人物だった。標準的な古典主義的形態だが、珍しく高さのある塔を備えており、ゴシック様式のオジー・アーチによるベルフリー開口部が特徴的である。

図4.14：シュルーズベリーのセント・チャド教会堂
17世紀、18世紀において多くの教会堂が放置され、構造上、危険な状態になっていった。そのため、トマス・テルフォードという若い技師がシュルーズベリーのセント・チャド教会堂という中世教会堂の調査を依頼されたとき、今にも倒壊しそうだと彼が信徒たちに告げても驚かなかった。彼らは技師の助言を無視したが、テルフォードが国際的な名声をほしいままにしていく一方で、結局、彼が予言したとおり、教会堂は6ヶ月しか保たず、塔が倒壊して建造物は取り壊されてしまったのである。新古典主義様式による新たな構築物は1792年に竣工し、この時代以降、数多く見られる、壁面が湾曲した身廊を備えた例となっている。

図4.15：ノーフォーク州ノース・ランクトン
この時代の教会堂は、古いものがついに倒壊したので建てただけ、というものが多い。この例も従来の尖塔が倒壊したため建てられた。新たな建造物は1713年に竣工した。その身廊は上から見ると方形であり、中央の突出部はペディメント[1)]を頂いていて、塔の頂部にはランタンがある。

1) 古典主義建築の入口直上の、低勾配の三角形の部分。

図4.16：サフォーク州クーリンジュ
この時代には一部だけを再築する教会堂が多かった。この例では新たなれんが造《づくり》の塔が1733年に、中世教会堂の西端に建造されている。

図4.17：ロンドンのアルドゲート
セント・ボトルフ教会堂はジョージ・ダンスによって設計され、1744年に竣工した。古典主義的細部が創意豊かに積み重ねられているが、レンの初期バロックよりも装飾は抑え気味である。この時代の多くの教会堂では、東西軸に沿って配置するのではなく、この例のように道路の中に建てる場合、その道路の向きに合わせて南北方向に建てることもあった。

図4.18：ニューカースル・アポン・タイン
オール・セインツ教会堂はデーヴィッド・スティーヴンソンによって設計され、1796年に竣工した。この新古典主義の教会堂の身廊は上から見ると楕円形であり **[図4.14]**、4本の円柱を備えたポルティコ（柱廊）が正面入口いっぱいに広がり、両脇にはこの様式の特徴である低いセグメンタル・アーチ（円弧状アーチ）を頂いた窓が設けられている。

図4.19：ウスターシャー州ウィトリー・コート
目を見張るような白色と金色のロココの内装は、18世紀半ばのものである。ジョージアン時代の教会堂は、常に広々としていて光に満ちている。

第5章

ヴィクトリア時代の教会堂

Victorian Churches

1830-1900

図5.1：スタフォードシャー州グリンドン

ヴィクトリア時代の人々は熱心な復古主義者であり、教会堂にはもっとも明確にその思想が現れている。ピーク・ディストリクトにあるこの農業共同体では、小さな礼拝堂が1845年に、この図のような13世紀末の様式による大きな教会堂に建て替わった。その尖塔《せんとう》屋根はイースト・ミッドランド地方にあるものを模している。それぞれの土地に根ざした建築は、他の場所と時代の材料を用い、それらの特徴を持つ建築に置き換えられていったのである。

新たな工業都市への人口移動によって引き起こされた変化を教会当局は強気に無視していたが、1830年代から1840年代にかけて、これらの都市の信徒たちに応えて新たな小教区を創設した。それに伴い、オクスフォード運動[1]やケンブリッジ・カムデン協会[2]の影響を受けた教

1) イングランド国教会内でカトリック的要素の復活によって、国教会の権威と教権の国家からの独立回復を目指す運動。オクスフォード大学を中心に展開された。

2) ゴシック建築の研究を通して、中世の教会堂の様式への回帰を促し、19世紀の教会建築に大きな影響を与えた。ケンブリッジ大学で発足したグループ。

会堂の建立や修復が盛り上がってきた。これらの運動はもっとカトリック的な立場に立っていた初期のイングランド国教会に立ち帰ろうとするものであり、「ゴシックこそが信仰の場の建築にふさわしい形態だ」と主張していた。加えて、1829年のカトリック解禁令により、長らく抑圧されてきた信徒たちが自分たちの信仰の場を公に建てることができるようになった。新たな教会堂が、「旧教」のためにも建てられるようになったのである。

図5.2：スタフォードシャー州リークのセント・メアリー・カトリック教会堂
この時代、多くの教会堂が、新たに解禁されたローマ・カトリック教会のために建立された。1880年代のこの大建造物は13世紀末のものから着想を得ているが、2種類の異なる石材が組み合わされている。すなわち、荒く裁断された灰色の石材と、滑らかに磨かれた明るい色の石材である。この組み合わせはヴィクトリア時代中期から末期にかけて広く見られる。

この空前の建設ブームにおいて、設計全体に目を配ったのは石工棟梁《とうりょう》というよりも職業建築家であり、建築家は、その土地のものにこだわるのではなく、遙かに遠いところから材料と技法を取り寄せていた。すなわち、中世の石工たちが広く用いることはなかった上質な石材とれんがが、交通機関の発達によりヴィクトリア時代（ヴィクトリア女王の治世下にあった1830～1900年）の教会堂には使えるようになったのであり、大量生産により、求められた部材の多くが、すぐさま、かつ、安価に使用可能になったのである。結果として、統一感のあるゴシックの建造物群が、たった数年の間に、イングランド各地のす

図5.3：ダービーシャー州エンザー
農村地帯でも大きな変化があった。19世紀前半、エンクロージャー（農地の囲い込み）の進展が最終段階を迎え、狩猟地への統合が続くと、新たな村ができたり、村の形態が変わったりした。この図中の住宅のほとんどが1838年から1842年にかけて建設されたものであり、チャッツワースの土地所有者たちが古い集落を彼らの家から見えないところに移そうとしてできたものである。教会堂は1867年に、ヴィクトリア時代の教会堂修復建築家の中でも最も著名なジョージ・ギルバート・スコットによって再築された。

図5.4
ヴィクトリア時代、および、その後の修復建築家は、数百年来の塗料や漆喰《しっくい》を壁面からはがし、当初の建造者たちが決して露出させるまいとしていた石材とれんがのパッチワークを露わにすることが多かった。上の例からは石積みの数多くの過程を見ることができる。古いアーケードのアーチがれんがでふさがれていて、さらに後に、近代の窓が挿入されている。直角の溝がいくつかの石材に斜めに彫られていることに注目。これは以前の構築物のものを再利用したのである。

っきりとした壁に囲われた教会堂構内の中に建てられていった。

僻地の農村集落では、簡素な礼拝堂が長らく用いられてきたが、採石場、鉱山、農業のような産業で潤ったこれらの地域の多くで、そのような質素な建造物は、固有の小教区と墓地を備えた教会堂に格上げされていった。こうして、完全に新しい構築物［図5.1のような］では、身廊が拡張されたか、塔のような要素が増築されていったのである。

小教区の中心であり続けたこれらの教会堂はゴシック・リヴァイヴァル（ゴシック様式の装飾や建築形態を復興しようとする動き）の波を被らずにはいられなかった。多くの建造物が長らく放置されてきて廃墟のような状態だったので、ヴィクトリア時代の修復は不可欠なものだった。建築家たちは構築物を再築し、内装を撤去して、当時、ふさわしいと考えられた様式のものを創造していった。事業の多くが内陣に焦点を合わせていた。鮮やかな色彩のステンドグラスが透明なガラスに取って代わり、祭壇《さいだん》背後のリアドス（石造障壁）が再着色されたり、調整されたりした。壁面は彩色され、屋根は紋様パネルで覆われ、床にはエンカウスティーク・タイル（焼き付けによって彩色されたタイル）が敷かれた。だが、この過程で意図せずして、彼らが模倣しようとした中世の芸術作品の多くを破壊することとなり、まったく平凡な建築で置き換えることさえ多かった。その結果、後世の批評家の嘲笑を買うこ

図5.5：メイデンヘッドのリトルワース・コモン
多くの新たな教会堂のデザインは単純で、塔というよりもベルコート（小鐘楼）を備えている。採石場から切り出されてきたように見える、深く刻まれた石材は、中世の建造物には決して見られないもので、19世紀末に広く使われた。

図5.6
イングランド国教会が時代の変化に気づいていた一方で、反国教会派はなお影響力を持っていた。彼らによって、都市の巨大な赤れんがの構築物から、慎ましやかな波打つトタン屋根の小屋まで、さまざまな種類の非常に多くの礼拝堂が建立され、僻地の貧しい共同体のために用いられた。規模はどうあれ、一般的に単一の大空間からなり、立体的で左右対称な正面ファサード（外側に面した建物の立面）を備えている。この例のように、様々な色彩のれんが積みとなっていて、1860年代から1870年代にかけてあらゆる建造物に広く見られた。

ととなる。

20世紀を迎える頃には、当初の中世建造物の価値がますます認識されるようになり、大胆な修復ではなく、注意深く保存されるようになってきた。新たな教会堂の建立は続いたが、これらは急速に拡大する郊外からの要求に応えるために建てられた、慎ましやかな構築物だった。20世紀半ばは人口が流出しつづけ、参列者が減少したために、多くの教会堂で信徒たちが巨額の維持費を捻出できず、最悪の場合には、建造物が放棄されてしまった。教会当局、イングリッシュ・ヘリテージ[1]、ナショナル・トラスト[2]、また、リダンダント・チャーチ・トラスト（余剰教会堂保存団体）のようなほとんどの主要な慈善団体は、これらの共同体の象徴である教会堂を保護し、将来も活用していくための活動を行うこととなった。

ヴィクトリア時代の教会堂

この時代の教会堂建設の主流となってきたゴシック建築リヴァイヴァルは一朝一夕に登場したわけではなかった。18世紀末には尖頭《せんとう》アーチは用いられていたが、「Y」字形トレーサリーを備えたこれらの幅の広い開口部［図4.11］は、基本的に古典主義の建造物に施されるはずの、間違って解釈された装飾要素であり、後のもっと正確なものと区別するために「ゴチック」（Ｇｏｔｈｉｃｋ）と称されている。主導した建築家たちは中世の構築物を元に腕を振るうことに、古代ローマや古代ギリシアの場合よりも満足を

図5.7
上図は、1818年の教会堂建設規則の後に建立された、600を超えるコミッショナー・チャーチ、またはワーテルロー・チャーチの一例である。これらは安価に建設されたが、単純化されたゴシック様式が採用され、18世紀末の奇抜なリヴァイヴァルと、その後のヴィクトリア時代の正統な作品の間に位置する。

1) イングランドの歴史的建造物を保存するため政府により設立された組織。
2) 上記と同様の趣旨で設立された民間のボランティア団体。

図5.8：スタフォードシャー州チードルのセント・ジャイルズ教会堂（ローマ・カトリック） ピュージンの手による最も素晴らしい教会堂の一つであり、1846年に竣工した。一貫して華飾式が正確に使用されている。

おぼえることが多くなっており、19世紀初頭には、施主がイングランドの過去の栄光を強く意識するようになっていたので、さらに正統的なゴシック様式を追求した。

中世以来のこの芸術の形態について研究がなされたのは、情熱的な若き建築家オーガスタス・ウィルビー・ピュージンがその研究をライフワークとしてからである（残念ながら過労のため40歳で早世した）。チャールズ・バリーとともに国会議事堂を設計したのに加え、新たに解禁されたカトリック教会のために数多くの装飾豊かで正確なゴシックの構築物を建設した。彼自身も後にカトリックに帰依している。彼の設計と著作は、尖頭アーチを復活させ、黒ずんだ工場と煙突に満ちた町に中世を生き返らせることに大きな影響を与えた。

19世紀も後の方になると、次世代の建築家たちは、過去の建造物をそのまま複製するのではなく、それらを元にして新たな形態を着想するようになった。これらはアーツ・アンド・クラ

図5.9

初期のヴィクトリアン・ゴシックの教会堂は、かなり急勾配の屋根を頂き、その着想の元として華飾式を使用する傾向があった。豊かな青を含むステンドグラス窓はこの時代に再び導入された。一見、これらは中世のもののように見えるが、全体に同一の様式と材料が用いられ、統一感のある建物になっているのは、ヴィクトリア時代の教会堂であることを示している。

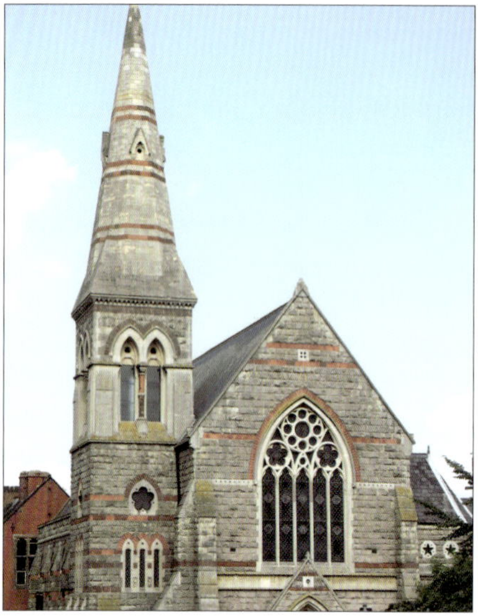

図5.10
中期のヴィクトリアン・ゴシックの教会堂は、さまざまな色彩のれんがと石材がよく用いられているのが特徴で、初期イングランド式（この例）と垂直式が発想の元として使われる傾向があった。

フツ運動の名の下におおまかにまとめられることが多い。景観を支配するというよりは、景観から生じたように見える構築物もある［図5.16］。一方、土地に根ざした材料と様式をごちゃごちゃにして並べたようなものもあった［図5.14］。20世紀をむかえる頃にはゴシックはまだ圧倒的に多く見られる様式だったが、その特徴は単純化されていった。遠くから見ると中世建築のようだが、近づいてよく見ると近代の特徴的な外観であることが分かるだろう。

図5.11
イタリアの建造物に着想を得たロマネスク様式はヴィクトリア時代中期に広く見られる。ゴシックの塔というよりも半円形アーチの開口部やカンパニーレ（イタリア風鐘楼）を備える。アーサー・ブロムフィールドによるこの例は1869年に設計され、一部にコンクリートが使われている。

図5.12
アーツ・アンド・クラフツ運動による教会堂は慎ましやかに見え、現地の、あるいは農村地帯の材料を用いていて、特徴的な傾斜のバットレス（控え壁）と低い位置にあるマリオン（ここでは斜め格子状の桟）窓を備えている。

図5.13：1900年頃の教会堂の作例
これが本書における最後の教会堂の作例である。村が小さな町に発展していて、教会堂とマナー・ハウスがその縁に取り残されている様が見てとれる。町には新たな信仰の場が建てられているが、ヴィクトリア時代の人々は古い教会堂も修復し、新たな内陣、および、塔の上層部分を建設している。塗料ははぎ取られ、900年にもわたる石積みのさまざまな段階が露出している。

事例紹介

図5.14：ヘレフォードのブロカトン・バイ・ロス教会堂
1902年、W・R・レザビーによって竣工したこの教会堂は、アーツ・アンド・クラフツ運動の産物の中でも最も創意にあふれ奇抜なものである。すべての材料と土地に根ざした様式が念入りに配列され、一見して中世建築に見える構築物が創造されている。しかし、近寄ってよく見れば、新たな装飾形態が高度に計算されて用いられていることが分かるだろう（低い位置にあるマリオン窓はアーツ・アンド・クラフツ運動が好んだ特徴である）。

図5.15：ウェスト・ヨークシャー州リポン付近のスタッドリー・ロイヤル
ウィリアム・バージェスによって設計され、1878年に竣工したこの教会堂は、イングリッシュ・ヘリテージによって維持されているヴィクトリア時代の復古主義の素晴らしい例である（ナショナル・トラストのファウンテンズ・アビーの敷地の一部）。13世紀の初期イングランド式から着想を得ており、それに基づく尖塔屋根と幾何学的トレーサリーを備える。だが、バットレスのような細部は誇張されており、その構成は中世に創設されたというには完璧すぎる。塔の西端の入口の真上にあるような幅の広いセグメンタル・アーチ（円弧状アーチ）は、アーツ・アンド・クラフツ運動の建造物に広く見られる。

図5.16：スタフォードシャー州リークのオール・セインツ教会堂

地に伏せたようなこの建造物は、ヴィクトリア時代後期の著名な建築家リチャード・ノーマン・ショーによって1880年代に設計された。ヴィクトリア時代初期の教会堂のように過去の特徴をただ複製するというよりも、過去の特徴を用いて新たな形態を発想した（過度に幅の広いポーチとマリオン窓に注目）。

図5.17：ロンドンのハムステッド・ガーデン・サバーブ

1900年代初頭に配置計画がなされ、新たに発展したこの市街地には、エドウィン・ラチェンス卿によって、その中心施設として設計された信仰の場が２箇所ある。ドームを頂くローマ・カトリックの教会堂と、この例のように尖塔屋根を備えた国教会系の教会堂である。

図5.18：ロンドンのチェルシーのセント・ルーク教会堂

すべてがこの時代のものと確定するのが容易いものである。復古主義者たちは歴史的な装飾群を適当に使って台無しにしてしまったようだ。この目を見張る小教区教会堂は垂直式の礼拝堂に基づく初期の例であり（フライング・バットレス[1]に注目）、高くて細い塔、正面を横切って５連のアーチが並ぶポルティコ（19世紀初頭の典型的な特徴）を備える。塔の隅部《ぐうぶ》をめぐる帯状装飾と頂部のレンのようなピナクル（小尖塔屋根）は中世風には見えない。

1）飛び梁のこと。ロマネスクの聖堂建築でも見られるが、ゴシックの聖堂建築において本格的に用いられるようになった。ヴォールトから身廊壁体上部にかかる推力を受け止め、それを側廊側面のバットレスへと流す、側廊の真上に斜めに架かるアーチのこと。

図5.19：ヘレフォードのブロカトン・バイ・ロス教会堂
W・R・レザビーの教会堂［図5.14］の身廊は急勾配の屋根に覆われていて、軒は低い。壁面は簡素で、巧みに光が取り入れられている。まさにアーツ・アンド・クラフツ運動における典型的な内装である。

図5.20：ウェスト・ヨークシャー州リポン付近のスタッドリー・ロイヤル
最も上質で装飾の豊かなヴィクトリア時代の内陣の一例［図5.15］。数百年間、壁面は漆喰仕上げだったが、19世紀になると多くの教会堂で栄光に満ちた中世の色彩への回帰が見られた（ヴィクトリア時代の人々は幅広い色彩範囲をもち、そのなかから色彩を選んでいた）。

第2部

教会堂の細部

THE CHURCH IN DETAIL

第6章

身廊

側廊、交差廊、屋根・天井・小屋組、ポーチ

The Nave - Aisles, Transepts, Roofs and Porches

図6.1
教会堂の身廊を東端の内陣方向へと望む。図中の特徴的な部分には、その名称を記した。

身廊

身廊《しんろう》は教会堂の主要な空間である。その名称（Ｎａｖｅ）は、「船」という意味のラテン語「ナウィス」に由来する。典礼（礼拝）の間、信徒たちが立ったり座ったりする場所である。信徒たちのために用いられるため、一般に彼らの管轄と考えられていた。信徒たちによって建造物の主要部が建設され、魅力的な装飾が施された時代は小教区の歴史の中でも豊かな時代を画することとなった。

通常、主要な入口は南扉からとなるが、北側の場合もある（中世にはその入口は祭列の出口として用いられていた）。西側は特別な機会のために用いられる正門であることが多く、通常、東端はアーチにより、当初は障壁《しょうへき》（第７章）によって内陣《ないじん》と仕切られていた。中世では、教会堂が唯一の公共大空間であることが多く、領主裁判やバザーのために用いられることもあった。この際、ストール（座席）が設《しつら》えられることさえあった。同時に、キリスト教暦に則って定期的に実施される祭列が可能になるよう設計しなければならなかった。

身廊を上から見ると長方形だが、ノルマン時

代やジョージアン時代に建てられたものには、円形という例外もある（ジョージアン時代には正方形や多角形のものもあった）。サクソン時代、ノルマン時代の建造物の壁体は非常に厚く、そうすることで屋根から加えられる外側方向の推力に耐えていた［図2.3］。ノルマン時代には、上部構造物からの荷重を支える、外壁に沿ったバットレス（控え壁）が大きく突出するにつれて、壁体は薄くなっていった。通常、壁体の外壁面と内壁面の間は粗石（大ぶりで成形されていない石）とモルタルをつめてふさがれている。建設中は木製の足場とクレーンが使用され、水平に部材が壁体に架け渡された。こうして仮設構築物（仮枠のこと）がしっかりと保持されるようになった。竣工後にこれらを撤去すると、足場を固定していた「プットログ・ホール」はモルタルで埋められたが、後に剥落《はくらく》することも多く、今日では外壁面に孔《あな》が見られる場合もある（とりわけ塔に多い）。

図6.2
身廊は多くの豊かな在地民が進んで資金を投じた部分であり、最新の勾配の緩やかな屋根が架かっていて、魅力的な装飾も加えられている。司祭と教会が内陣を維持するのにあまり情熱をみせていなかったのとは対照的である。バキンガムシャー州グレート・ホーウッドのこの例のように、後の垂直式による大身廊とまだ急勾配の屋根を架けられている古い内陣の組み合わせは広く見られる。

側廊

ほとんどの教会堂において、特に、人口が中世の頂点に達した13世紀と14世紀には、身廊が拡張され、側廊《そくろう》が増築されることが多くなった。側廊とは身廊の北壁面と南壁面に沿って建てられた下屋のような構築物のことである。側廊は、古い身廊の壁体を穿ち新たなアーチと円柱（アーケード）を挿入して、当初の壁体の上部を支えるようにして作られる。それゆえ、身廊の壁体上部は建造物の中で最古の部分であることが多い。12世紀と13世紀に建設された側廊は幅が狭くなる傾向があった。一方、その後に建設された側廊は、通常、幅が広くなり、従来の多くの側廊も拡張されていった。後に信徒数が減少したときに、側廊の片方か両方が放棄され、アーチがれんがでふさがれたり、外壁面にかつての開口部の跡が残ったりした［図5.4］。

側廊の屋根より上の身廊壁面のことをクリアストーリーという。側廊が増築された場合、側面の窓が身廊から遠くなって暗くなるので、採光のため、小さな開口部の列をこの壁体上部に挿入したのである。これらは側廊の建設時に整備されたが、ほとんどは、新たな緩勾配の屋根が従来の急勾配の屋根に取って代わった垂直式の時代のものである（塔の壁面の三角形の跡を見ると従来の屋根の位置が分かる）。新たな窓が従来の小さな窓に置き換わった場合や、最初から挿入された場合がある。ノルマン時代最大級の教会堂では、身廊両脇の壁面はさらに三部分に分けられ、下段のアーケードと上段のクリアストーリーの間の中段はトリフォリウムという［図2.27］。

図6.3
身廊は、重々しく抑圧的なサクソン時代の内装［図1.23］から軽快な垂直式［図3.21］まで、徐々に明るく広々としたものへと変わっていった。この例は重要な変化の一つであるクリアストーリーの追加を示している。両脇のアーケードは初期イングランド式のもので、幅の狭い尖頭《せんとう》アーチを備え、特徴的な二重の面取りがアーチに施されているが、後に屋根はかさ上げされ、一連の窓（クリアストーリー）が両脇に作られて内部を明るく照らすようになった。東端の壁面に刻まれている二重の三角形の跡に注目。この線は以前の屋根の跡を示しており、当初のベルフリー開口部は身廊内部に見られるようになった。

交差廊

大規模教会堂では、塔の北側と南側に交差廊《こうさろう》（トランセプト）も増築されることがあった。こうして、上から見ると十字架形の教会堂が形成された。交差廊は祭室として現在も用いられている。聖職者、あるいは個人のために祭壇《さいだん》が加えられていて、ある一族のための追悼記念碑や墓所を含むものも多い（第７章）。通常、中央塔と接続するように建設される（特に、12世紀と13世紀）。交差廊が中央塔を支えるバットレスのようになっていたのだが、中央塔が倒壊して、西塔に取って代わられることもあった。また、計画されながら建設されずに終わった場合もあった。身廊、交差廊、内陣がすべて接する、中央塔直下の空間のことを交差部《こうさぶ》（クロッシング）という。

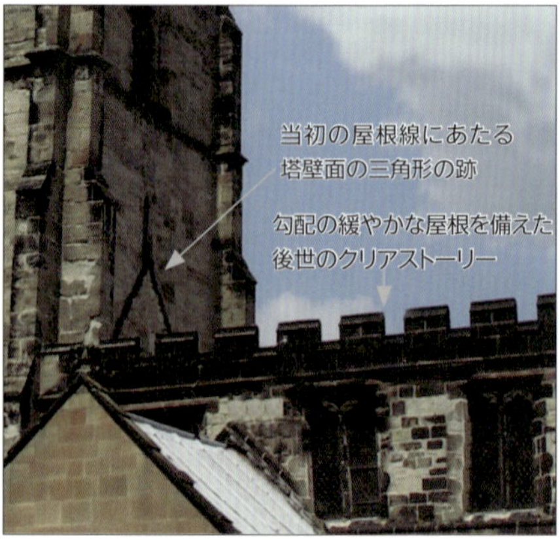

図6.4
塔と身廊終端の細部。クリアストーリーと緩勾配の屋根が、従来の急勾配の屋根に取って代わっている。その跡はバトルメント（鋸歯《きょし》状胸壁）すぐ上に今でも見られる。クリアストーリーは東部諸州で極めて多く、南西部に行くほど見られなくなる。

屋根、天井、小屋組

身廊の屋根、天井、小屋組《こやぐみ》（屋根を支える木組）は、建造物の他の部分と同様に、デザインの特徴を決定するものであり、中世において大空間をまたいで屋根を設けるために石工や大工の技術は極限まで高められた。いくつかの大規模な教会堂では、天井は石造ヴォールトとなり、外側に向けては、ヴォールトの真上にタイルか鉛板《えんばん》を葺いた屋根が架けられた。内側の天井面となるヴォールトは屋根から独立しており、内部からは屋根とヴォールトの間の空間は見えないようになっている。ヴォールトは、教会堂内部に組まれた仮設の木製天井の真上で作られ、その最初期の形態は単純な半円筒形で、バレル・ヴォールト、またはトンネル・ヴォールトと呼ばれる。それが２本直交すると、対角線に十字架形を描くこととなった。その接合部に沿ってリブ（骨組）を設けて荷重を壁体の方へ分散させると、その間のヴォールトは薄くすることができ、建設が安価かつ容易に行えるようになることが、すぐに判明した［**図6.5**］。ノルマン時代末に登場したリブ・ヴォールトの最も単純なこの形態は、その後も長きにわたって精妙さを増していき、主に装飾的な部材がリブの間に加えられて複雑な紋様が創造されていく。最終的には最も野心的な形態であるファン・ヴォールトにまで行き着く［**図3.12**］。数多くのリブが壁面の高いところから花開き、リブの間の手の込んだ石造装飾が特徴的な扇形を形成するのである。教会堂の身廊ではヴォールトが架けられることは稀《まれ》である。古い修道院教会堂は例外で、これらは修道院解散令後に小教区に管理を移されている。一方、側廊、礼拝堂・祭室のような小さな空間、あるいはポーチではヴォールトがよく見られる。

ほとんどの小教区教会堂は木造小屋組を備え、身廊内側からは支持木材の下側が見えるが、それを隠すように天井が挿入されることもある。急勾配の屋根は一連のトラスによって適切な位置に架けられた。トラスとは、傾斜した２本の合掌《がっしょう》と水平方向の梁《はり》を三角形になるように配列して形成したもので、梁は底辺に配されたり（陸梁《ろくばり》、タイ・ビーム）［**図6.6**］、高い位置に架けられたりする（帯梁《おびばり》、カラー・ビーム）。初期の例では、梁の中央から棟《むね》へと真上に伸びるキング・ポスト（真束《しんづか》）、あるいは、構築物の一部としてのもっと短いクラウン・ポストがトラスに使用されることが多かった。

ほとんどの教会堂が建立以来、屋根や小屋組の架け替えを行ってきたので、今日見られるものは後の時代の形式であることが多い。つまり、桁行《けたゆき》（桁と平行な方向であり、上から見て梁と垂直の方向のこと）方向の、突出した母屋《もや》と、垂木《たるき》・合掌が「ダブル・フレーム」と呼ばれる形式を形成している。これらは、上面のある、大きな１本

図6.5：古い小修道院教会堂の側廊に沿った、リブ（骨組）を備える単純なグロイン・ヴォールト［**左**］、および、薄いリエルヌ（リブとリブの間を結ぶ小さなリブを指す仏語）によって結合された対角線方向のリブを備えた後期のリブ・ヴォールト［**右**］。交点に加えられた装飾的なボス（鋲《びょう》状装飾）は、下がってくるリブを受け、突出しないように止めるための重りとなっている。ファン・ヴォールトにおいてはリブは構造的なものではなく、スラブ（天井板のこと）から削りだしたものとなる。

図6.6
今日でもまだよく見られるような中世末の小屋組の形式（さらに後に復元されたものの場合もある）。ハンマー・ビームは東部でよく見られ、アーチ枠とタイ・ビームは一般的に広く伝播した。小屋組には地方によって極めて多くの種類があり、時代ごとの細部があるが、右図では出来る限り、大胆に単純化して示した。

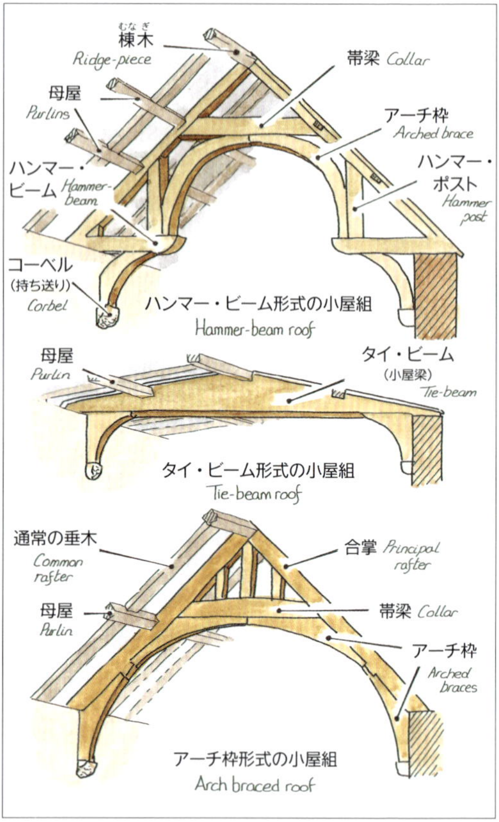

のタイ・ビームを備える場合や、タイ・ビームに、勾配の緩やかな屋根に合わせて幅全体にわたって傾斜が付けられている場合がある。あるいは、急勾配の屋根に合わせて曲線を描くアーチ枠を備える場合もあり、どちらの形式も、小屋組が壁体と接する部分のすぐ下の石造ブラケット（コーベル）によって支持されている。ハンマー・ビーム式小屋組は配列が非常に工夫されており、短い水平方向の木材が（ハンマー・ビームという）壁体から短く突出して、その端部からアーチ枠が飛んでカラー（帯梁）に達している［図6.6上］。このようにして、東窓を見えるようにし

図6.7：タイ・ビームによる小屋組。装飾的な石造コーベル、および、木製天使像［**左**］や刻まれたボス（鋲状装飾）［**右**］を備える。

つつ幅の広い空間に屋根を架けることができる。

これらの後期の小屋組は天使の彫像や装飾的なボス（鋲状装飾）で美しく装飾され、垂木の間は板や石膏で埋められた。内陣正面のルード・スクリーン（磔刑《たっけい》像障壁）が立っている場所の真上の短い部分だけの場合もある。ウェスト・カントリー（南西部諸州）で広く見られる特徴的な形式はワゴン・ルーフである。アーチ枠の下側の間の隙間に板が張られ、教会堂の内側から見ると古いワゴン（荷馬車）のキャンバス張りのように見えることからこう呼ばれる。

ポーチと扉

身廊への主要な入口を収めるポーチ（通常は南側）は単に雨に濡れないようにするためのものではなかった。洗礼や結婚の典礼の一部にも用いられたのである。地元の商業取引が決済されたり、教会堂内で開かれた領主裁判に関わる布告が貼り出されたりするところでもあった。扉は法律の適用を逃れようと扉のリングをつかんだ人々のための禁域としても機能した。この権利は1621年まで完全には廃止されなかった。

ポーチの最初期の諸形式では壁面から少ししか突出しない傾向があった。多くの教会堂ではポーチがないか、単純な木造構築物を建てるだけであり、これはもうとっくに建て替わっている。14世紀と15世紀にはポーチの新たな増築が広く見られるようになった。これらは豊かな地元の住民が教会に寄進したのである。魅力的な装飾が施され、真上には聖職者によって使用されたり、場合によっては教室、武器庫、図書室として用いられたりした部屋が設けられることもあった。

構築物自体には同時代の様式が反映されており、アーチを頂いた入り口や装飾を備えている。それらは前章で解説した細部から年代判定可能だ。サウス・イースト地方で広く見られる木造ポーチの年代の推測はもっと曖昧であり、多くはそう遠くない時代に建設されたか修復されたかしたものである。ポーチが覆っている扉口はポーチよりも古い場合が多く、多くは真上に手の込んだノルマン時代のテュンパヌムを備える。これは入口を聖体（パンとワイン）が通れるようになった時以来である［図1.9］。活気のある重々しく軋《きし》む扉自体が古いものであるかもしれず、12世紀や13世紀以来残ってきた装飾的な鉄細工が伴うこともある（木材は更新されているかもしれないけれど）。それより多いのは14世紀や15世紀以来のものであり、細長くて薄い板に分割され、頂部にトレーサリーを備えるのが流行していた。

図6.8
垂直式の２層構成ポーチ。真上に小さな部屋を備え、司祭室、教室、図書室、あるいは武具室として使用されていた。

図6.9
ハートフォードシャー州アシュウェルの中世末の扉。外側にはサンクチュアリー・リング（入口扉のドアノッカー）をはじめとする装備品をまだ保っており**[左]**、内側は木製格子で補強してある**[右]**。入口の右手側には今でも聖水盤を備えているところもある。当初は聖水をたたえていて、礼拝者が入場する前に身を清めるのに用いた。

身廊細部の装飾

教会堂の最も驚くべき面の一つは、当初は豊かに彩られていたことである。白漆喰《しろしっくい》[1]で塗ったり、放置したり、破壊したりして中世の装飾の跡のほとんどが消えてしまったのは、宗教改革後のわずか100年間のことにすぎない。建造物の外側は塗料を施したり、着色したり、白漆喰を塗ったりして仕上げ、窓トレーサリーに目立つ色を付けて際立たせていた。身廊内部では、ほとんどの壁面を聖人たちや聖書の物語が覆い、涜神《とくしん》の行いがあったときに何が起きるのかを文盲の信徒たちに警告していた。円柱と柱頭、それに天井と小屋組のトラスも着彩され、金色で際立たせた細部装飾が施されることも多かった。その残存物が除かれたのは主に20世紀の修復においてであり、多くの教会堂では今となっては露出されたままの断片を見つけるのは難しい。

当初、ほとんどの教会堂の床面は土を踏み固めたものであった。通常、動物の血のような成分で固められ、イグサやガラスが散りばめられていた（定期的に掃き清められ、新しいものに取り替えられた）。最も素晴らしいものとしては、舗装用板石を敷かれたものがあるが、通常、これらは近い時代に施されたものである。中世のタイルは贅沢品であり、祭壇近辺の区域に限られて用いられた。通常、赤色と黄色で紋様を描いて仕上げられている。ヴィクトリア時代の人々はこれらを模倣し、床下に暖房用パイプを

図6.10
教会堂の入口の周囲に引っかいたような跡が広く見られる。外壁面に小さな孔があって、そこから線が放射状に伸びているのは、引っかいて描かれたダイヤル（文字盤）である。当初は木製の棒が中心に刺さっていて、日時計として機能した。ミサの時間を示すダイヤルには特に深く刻みを入れることも多かった。その他の跡としては、誓いを立てた証拠として何者かによって刻まれた十字架、石工の印の他、中世のグラフィティともいえるようなものまである。

1) 顔料を加えない白色の漆喰。

図6.11
宗教改革前は、身廊は華やかに彩られ、文盲の信徒たちに向けたメッセージを伝える壁画に覆われていた[**上**]。17世紀にはその同じ身廊が白漆喰で塗られ、《最後の審判》のあった場所に王家の紋章《もんしょう》が配されて、ベンチ、説教壇《せっきょうだん》が設けられた［**下**］。

図6.12
グロスターシャー州ケンプリーのノルマン時代の小さな教会堂セント・メアリーの内装には、最も素晴らしい中世壁画の一つが見られ、《生命の車輪》（左方）と《最後の審判》（内陣アーチ直上）が描かれている。後者は教会堂の中で最も重要な絵画であり、当初はその前に大きなルード（磔刑像）が吊されていたか立っていて、《最後の審判》がその背景を形成していた。ほとんどは聖痕を見せるキリストが描かれていて、一方に地獄、一方に天国が配されている。

図6.13
ノース・ヨークシャー州イーアズビー大修道院の跡地に隣接するセント・アガサ教会堂には13世紀の壁画があり、この例では《楽園追放》が描かれている。中世の教会堂で広く見られたその他の図像としては、聖ゲオルギウス、聖マーガレット、聖カタリナや《七つの大罪》がある。キリストを背負って河を渡る聖クリストフォロスも、おそらく最も頻繁に描かれ、主要入口の反対側によく見られる。

敷いたり修復したりする際に、内陣においては紋様が描かれたタイルや、簡素な赤色タイルで古い床面を覆った。機械で製造されたこれら後世のタイルや石片を、今日のほとんどの教会堂で見ることができる。

洗礼盤

身廊に入る際に最初に現れる特徴的なものは、聖水をたたえる容器である洗礼盤《せんれいばん》だろう。中世には非常に価値あるものとみなされていたので、窃盗防止のために鍵をかけられる覆いが設けられていた。覆いには背の高いものもあり、手の込んだ彫刻の施された円錐形の部材が鎖によって吊るされて、上がったり下がったりするものもあった。重要なものでありながら、動かすことができるため、洗礼盤は教会堂が再築される際にも、とって置かれる品の一つであり、そのため、かなり古いものであることが多い。

洗礼盤のデザインには多くの地方ごとの多様性があるが、装飾様式に加えて（1章～5章）それらの年代判定を助ける一般的な特徴がいくつかある。サクソン時代から現存するものがいくつかあるとして、ノルマン時代のものは1000以上見つかるのである。これらは大きな水盤を備えていて（当時の洗礼は、身体全体を水に浸すものだった）、通常、それらは上から見て方形か円形で、神秘的な猛獣や人像で装飾されていることが多い。12世紀末には、計４本の円柱の上に杯のような形態の水盤を載せたものも製作された［**図6.14左**］。14世紀には、ニッチや時にはトレーサリー紋様が施された、上から見て八角形のものが広く見られるようになった［**図6.14中央**］。次の世紀には階段上に設置されることが多くなった（後に他の多くの例もこのように階段の上に載せられるようになった）。

図6.14
ノルマン時代末の洗礼盤。特徴的な大きな水盤が付いている［**左**］。14世紀初頭のものは、当時の華飾式教会堂のようにカスプ付トレーサリーとクロケット（曲線装飾）を備えている［**中央**］。15世紀の例には垂直式の特徴である方形花状装飾と王家の紋章が見られる［**右**］。当初、洗礼盤は教会堂の内部と同様に明るい色彩で塗装されていたと思われ、その断片が見つかることもある。中世の洗礼盤には鉛製のものもあったが、後に破壊され、内戦[1]時にマスケット銃の弾に使用されるものさえあった。

1) 1640-60年のいわゆる清教徒革命時の王党派と議会派の内戦。

図6.15
教会堂西端の周囲には他にパリッシュ・チェスト（小教区の櫃《ひつ》）が多く見られる。鍵のかかる木製の形式で、当初、中には貴重品が収められていた。ほとんどは三重に施錠され、神父が鍵を一つ、他は一般信徒の関係者たちが所持した。最初期のものは単純に粗い方形断面の材木であり、頂部が切断されて蓋のような形になっていた。中世末の櫃は、まだ比較的数多く残っており、鉄細工で枠どられた厚い木板製である。15世紀のものには、短い脚があって、それによって湿った床面から立ち上がったようなものもある。ノース・ヨークシャー州ウィトビーのこの例は18世紀に盗難にあい、付近の崖に投げ落とされていた。そのため現存はするが、中身は空だった。

ギャラリー

円柱上に支持された木製座席のある上階の層のことで、教会堂に初めて出現したのは、内陣を横切る障壁の一部で、音楽家たちが陣取るルード・ロフトが宗教改革以降に取り壊された後のことである。音楽家の場所としては、代わって小さなギャラリーが西端か塔の内部に設けられた。後に人口が増えてくると、中世の身廊の内部に木造ギャラリーが、西端にのみ、あるいは説教壇に面した三方に挿入されるようになった。これらは後に撤去されることが多かったが、ジョージアン時代の教会堂やさらに後の礼拝堂にはまだ広く見られ、当初からの構築物の一部をなしている。

図6.16
ギャラリーは、信徒の増加に伴ってさらなる座席が必要となった場合、とりわけ18世紀に広く増築された。ウィトビーのこの例のように、窓をふさぎ、中世の要素を覆い隠すように不器用に挿入されることが多かった。真上に音響版を備えた三層構成の説教壇（右方）の頂部にも注目。

王家の紋章

身廊によく見られる要素として、王家の紋章が描かれた壁掛けの大きな板がある（南扉口の上部に多く見られる）。一つの形式として「ハッチメント」があり、ダイヤモンド形、あるいは菱形に作られている。通常、紋章のすぐ下に「レスルガム」（私は復活する）という銘句が入っている。これらの板は故人の家の正面に２ヶ月間掲げられ、通常、17世紀末か18世紀初頭のものが現存している。背景におけるその配列と色彩によっても、個人の婚姻の状況が分かる。

王家の紋章のその他の形式としては、当初から内陣アーチの真上に架かっていた、宗教改革後のものがある。これらはエリザベス１世治世下で広く見られるようになったが、現存するほとんどの例は1660年の王政復古以降のものである。通常、これらはヴィクトリア時代にあまり重要でない場所に移されている。普通、そこには君主の頭文字が配されるが、長い間に王家の紋章に現れたわずかな変化によっても年代を判定できる。たとえば、中央に配される黄金の獅子はオランジュ公ウィレム（イングランド王ウィリアム３世）によって導入されており、1689年から1702年にかけてのものである。また、同様の位置に配されるハノーファー朝の白馬はジョージアン時代のものである。テューダー朝の紋章にはサポーター（紋章本体を支える動物のこと）としてウェールズの竜が配されたが、ジェームズ１世によって、よく知られている一角獣に換えられた。古い紋章に手を加えることも広く行われた。18世紀には王の頭文字がC（Charles）からG（George）に換えられ、わかりやすく中央に白馬が加えられた。

図6.17

チャールズ１世の頭文字による王家の紋章の例。1625－49年のものである。各クオーター（紋章を４等分した各部分）内に表された国も時代によって変化しており、年代判定の材料となる。17世紀には、イングランドが左上、フランスのフルール・ド・リス（百合の花）は右下を占め（あるいは両方が上に配されることもあった）、スコットランドが右上、アイルランドを表すハープが左下に配置された。1707年にイングランドとスコットランドが連合すると、両国の紋章が左上と右下のクオーターに一緒に配されるようになり、フランス王位請求権の放棄により、1801年以降、イングランドは二つのクオーターに、残りにスコットランドとアイルランドが配置されるようになった。

ベンチと座席

中世には身廊に座席を設けることはほとんどなかった。典礼の間、ほとんどの人は立つか跪《ひざまず》いたのである。障壁の背後が見えないようになっていて、聖職者を煩《わずら》わせることなく人々は出入りできた。高齢者や病人のために壁体周囲に石造プリントス（建造物基部の周囲をめぐる突出部のこと）が設けられることが多かった。「壁面の方へ去った」（gone to the wall）（「窮地に陥った」の意）という表現はここからきている。中世末には、信徒に直接説教するという考えが重要性を帯びてきており、ベンチはもっと広く作られ

図6.18
ベンチ終端のボードには彫刻を施すことが多く、上の例のように高度に装飾されたものもあった。頂部のポピー・ヘッドはイースト・アングリアに広く見られた。この「ポピー」は艦船のフィギュアヘッド「プピス」(ラテン語で船尾《とも》の意) が語源であり、ケシの花のことではない。立方体の頂部装飾はサマセット州の標準ともいえ、リンネルの襞《ひだ》状の紋様はテューダー朝時代の諸例の中央に刻まれていた。

るようになった。宗教改革以降は、司祭は信徒たちの方を向くようになり、座席は標準的な設備となっていった。同時に、詠唱《えいしょう》祭室が姿を消し、富裕な一族は着席するための私的な場所を求めるようになった。それゆえ、家族席が生まれたのである (かつての詠唱祭室内に設けられることもあった)。真上にカノピー (天蓋) を備え、専用暖炉まで設けられたものもあった。教会堂を出る群衆を避けてマナー・ハウスに戻る便利な出口というのが本当のところだったが。

図6.19
ボックス席は17、18世紀によく増築された部分である。富裕層専用のものもあれば、ヨークのこの例のように身廊周辺に配置されているものも多い。

説教壇

説教が重要性を増してくると、そのための説教壇が設けられるようになった。通常、中世末の、真下に細い支柱を備えた木造や石造の説教壇はあまり現存していない。説教壇が標準的な設備となった17世紀初頭以降のものはもっと多く現存している。豊かに彫刻を施された木製であり、半円形アーチの装飾が施されていて、上部に音響板を備えるものもあった。17世紀末から18世紀初頭にかけて、説教壇、聖書台、祈祷台をすべて備えた三層構成のものが広く見られるようになった [**図6.16**]。

通常、聖書台は、当初は内陣に置かれる独立した調度だったが、宗教改革後は身廊正面に移された。木製や真鍮《しんちゅう》製のものもあり、両翼を広げた鷲 (福音史家聖ヨハネの象徴) の形をした頂部装飾があるものも多い。15世紀や16世紀にまでさかのぼるものが50か60程度現存している。

図6.20
細長い支柱を備えた中世の石造説教壇［**左**］、および、特徴的な半円形アーチ装飾を備えたジャコビアン様式（ジェームズ1世様式）の説教壇（17世紀初頭）［**右**］。どちらの例もチェシャー州ナントウィッチのもの。ブラケット（片持ち支持材）が今も固定されているものもあり、そこには砂時計がぶら下がっていて、これは説教の時間を区切るためである。

ステンドグラス

ステンドグラス窓は、教会堂であることを直接示すもっとも大きな特徴である。背後から陽光が降り注ぐとき、その驚くべき色彩の絵巻に心を動かされない人はほとんどいないだろう（着彩ガラスといったほうがもっと正確である）。今日見られるほとんどのステンドグラスはヴィクトリア時代のものである。宗教改革以降、中世のステンドグラスは割れてしまって透明ガラスに換えられたのである。初期の例がわずかにしか現存しておらず、他の多くは教会堂が修復されたときに改修されている。それらは、単独の開口部に断片が寄せ集められたものだった［**図6.21**］。

ガラスは中世を通じて贅沢品だった。ほとんどの初期の教会堂では、トレーサリーを備えた窓を、鎧戸や、油を塗った布で覆ってやらなければならなかった。鉛枠の窓ガラスが広く見られるようになったのは13世紀末になってからである。紋様が色彩ガラスの小片や板の上にあしらわれていて、ガラスは鉛の細枠に合うように裁断された。こうしてガラスは所定の位置に保たれ、ワイヤが窓枠に固定されたバーに緊結して風による損傷を防いでいたのである［**図6.21下**］。これらの初期の形式では、14世紀に導入された黄色染料とともに赤色と青色が豊富に用いられた（この時代の彫像もオジー・アーチと同じくわずかに「S」字形の姿勢をとっている）。顔などの細部には黒色染料が加えられ、茶系の色調により陰影が付けられた。どちらも焼きつけによって色彩をガラスに定着させていた。

中世のステンドグラスの最盛期は15世紀である。垂直式トレーサリーに設けられた長方形パネルは、手の込んだデザインに適した場所となっていた。三次元的な豊かに着彩された絵画には、紋章のような象徴が描かれることも多く、赤色、青色、緑色、黄色を伴って広く見られるものとなった。これらの色彩は透明な白色のガラスによって分割されていた。ヴィクトリア時代のステンドグラスは、透明なガラスが使われていないのが特徴で、青色と赤色の多用によりもっと暗い色彩となっている。一方、彫像を近くからもっとよく見てみると、同時代の絵画に描かれている人物像と同様のものだということが分かる。

図6.21
中世のステンドグラスの例。これらの窓は宗教改革以降に破壊され、その後に修復されたが、図柄を完全に元に戻せない場合は、断片がばらばらのまま、抽象的な手法で挿入された。ここでは各図版の人像の上の細部に見ることができる。ガラスが粉々にならないようにするためのワイヤ・リングが付いた水平方向の支持棒に注目［下］。

図6.22
ほとんどのステンドグラス窓はヴィクトリア時代のもので［上］、透明なガラスを使う中世のものとは反対に青色と赤色が多く使われる傾向がある（中世のガラスは外側からは銀色に見える傾向がある）。通常、近年のものはもっと大胆であり、この例［右］のように、トレーサリーによる分割を無視して窓全体を使う。

第7章

内陣

祭壇、礼拝堂、祭室、追悼記念碑

The Chancel - Altars, Chapels and Memorials

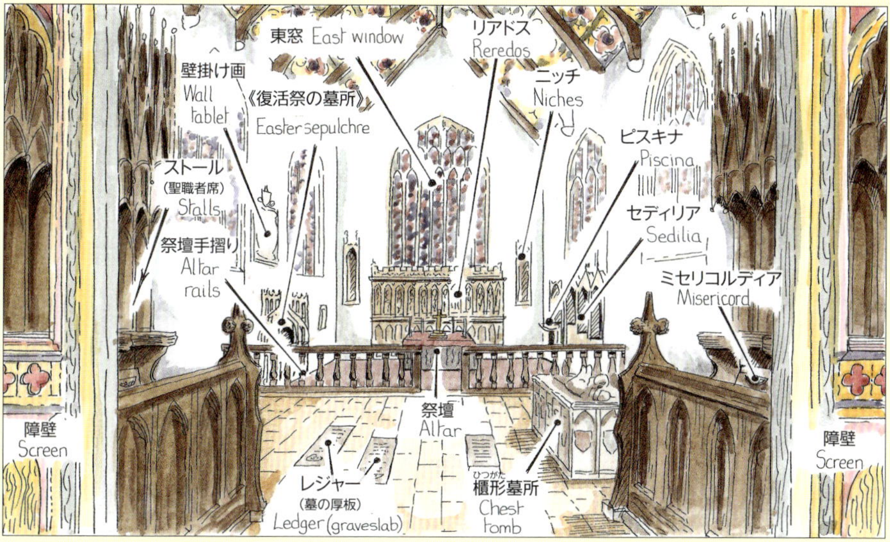

図7.1
内陣内部。図中の特徴的な部分にはその名称を記した。

身廊が信徒たちの管轄であるのに対し、内陣は聖職者たちの管轄だった。中世の教会堂において、典礼が行われるのはこの部分であり、中央には祭壇《さいだん》が置かれていた。その西端にはルード・スクリーン（磔刑像障壁《たっけいぞうしょうへき》）が設けられ、内陣内部が見えないように閉じられていた。これが身廊に控えている公衆にとって、ミサの大いなる神秘性を長らく感じさせてきたものである。ミサをラテン語で執行することによって、この面がさらに強化された。教会堂は信徒たちと同じく財政的に苦しいことが多かった司祭によって維持されていたので、通常、何らかの建設事業のためには上位の教会や修道院の財政援助に頼らざるをえなかった。一度建てられた後は、内陣は基本的な修繕を施されるだけであり、公衆を魅惑するような輝かしい身廊に対して、慎ましやかな姿となる場合が多かった。両者の釣り合いが図られたのはヴィクトリア時代になってからである。

ほとんどのノルマン時代の教会堂、および、サクソン時代の教会堂の一部は、当初、アプス［図1.22］を備えていた。典型的なものは内陣東端から少し突出した、上から見ると半円形のものであり、年配の聖職者たちが典礼の間に着席する場所だった。同時代には、祭壇直下に聖《せい》遺物《いぶつ》が収められたクリプト（教会堂の地下の祭室のこと）を備えるものもあり、その外側周囲には周《しゅう》歩廊《ほろう》と呼ばれる通路が設けられて、そこを通って巡礼者たちは聖遺物のそばまで行ったのである。

図7.2
ダービーシャー州レプトンにおけるサクソン時代のクリプト。8世紀のものであり（9世紀に再築された）、内陣直下にある。そこには貴族の遺体や聖遺物が収められていたと思われる。これらの崇敬《すうけい》された遺物、あるいは人造遺物を見たいという要求が高まっていったので、多くの人造遺物が製作され、13世紀に当局がその実施を抑制するようになったほどである。これらの聖地を訪問する巡礼が巨大事業となり、12世紀から14世紀にかけて人々は熱狂した。そのため、聖遺物は典礼を妨げないように脇の祭室群に置かれるようになった。

13世紀には祭壇は東壁面側に寄せられ、聖職者と権威者はその脇に着席するようになった。一方、司祭は典礼の間は身廊に背を向けた。内陣終端のアプスは上から見ると方形となり（ケルト教会によって建立されたものは以前から長らくそうだったが）、東壁面に装飾的な祭壇が配された。聖遺物や個人、同業組合のためのさらなる祭壇が、側廊東端あるいは内陣脇に特定の目的のために立てられた祭室内部に設けられた。14世紀、15世紀、これらの祭室は地元の富裕層により盛んに建立された。彼らは祭室建立と司祭のために喜捨《きしゃ》[1)]して自らを記念するミサ

図7.3
多くの教会堂では、側廊の東端や脇に増築された建造物の部分（ウォリックのセント・メアリー教会堂のこの例）は詠唱礼拝堂（詠唱祭室）のための空間となった。そこでは寄進した個人の記念のためにミサが挙行された。残された喜捨が、とりわけ、黒死病の後のインフレによって完全な永代寄進をなすには足りなくなる場合もあり、その場合は、典礼の回数を減らすか、あるいはまったく止めてしまうこともあった。

1） 功徳を積むため、あるいは宗教的な戒律にしたがって、金銭や物品を教会や困っている人に差し出すこと。

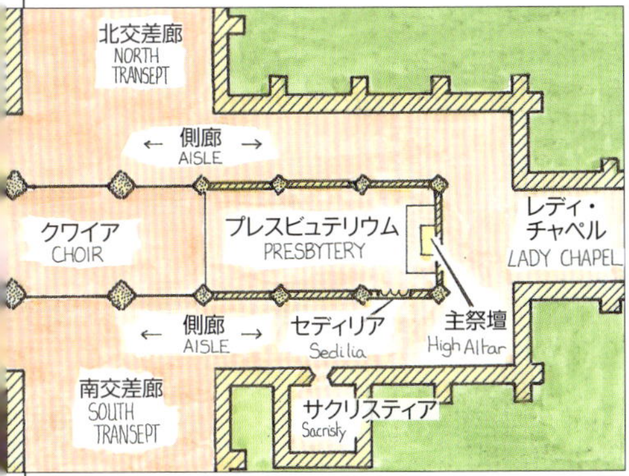

図7.4
大規模教会堂（および、司教座聖堂や大修道院）では、内陣の配置が、交差部塔直下（ここでは１本）の西側へクワイアが拡張され、主祭壇とリアドス（木製か石造の装飾的障壁）を配したサンクテュアリウムを備えた手の込んだものとなっている場合がある。内陣側廊（周歩廊といわれることが多い）がこの区域の外縁を走り、その始点付近に脇祭室が設けられた（後にサクリスティアやヴェストリーになったものもある）。東端には処女マリアに捧げられた祭壇が置かれることも多かった（この区画をレディ・チャペルという）。

を挙げてもらった。それゆえ、これらは詠唱《えいしょう》祭室と呼ばれる。処女マリアに捧げられたものはレディ・チャペルという［図3.14］。

宗教改革とともに内陣は大きく変わった。ヘンリー８世治世下で創設された新たな教会は英語の聖書を持ち、司祭は説教壇から礼拝を行った。次の世紀を通じてルード・スクリーンは撤去され、石造祭壇の場所には新たな木製の聖卓《せいたく》[1]が設けられた。壁面には白漆喰《しっくい》が塗られ、窓には透明ガラスがはめられている。修復事業に多大なエネルギーを注いだのはヴィクトリア時代の人々だった。内陣を、かつての栄光に溢れた姿だと彼らが考える状態に修復して、構築物を再築し、それを今日多く見られるような豊かな色彩で装飾したのである［図5.20］。

1) 国教会では典礼の焦点が聖餐《せいさん》式に置かれたので、カトリックにおいての「祭壇」が「聖卓」と改名されたり、置き換えられたりした。

図7.5
障壁（スクリーン）の隅部《ぐうぶ》に設けられた、壁体を貫通する長方形の開口部はスクウィントと呼ばれる。これによって内陣アーチか交差廊から障壁背後の礼拝を見ることができるようになっている。礼拝の間、様々な場所でサンクトゥス・ベルを鳴らさなければならない人がよく使用した。これらは身廊東端の真上の屋根にも見られる［図3.17］。スクウィントは祭壇に合わせて配されるもので（オクスフォードシャー州バーフォードのこの例のように）、そうではない場合は面白いことに、後で内陣が拡張されて、祭壇はさらに東側に再配置されたのである。

内陣アーチとルード・スクリーン

身廊と内陣の間の境界は内陣アーチによって仕切られ、まだ現存するところでは（または複製品が設置されているところでは）ルード・スクリーンによっても区切られていた。アーチはこの2部分の間の壁体の重量を支えており、アーチ開口部の大きさは技術の発展によって時とともに大きくなっていった。サクソン時代のものは幅が狭い傾向があり **[図1.23]**、ノルマン時代には半円形アーチを頂いたもっと大胆なものとなった。アーチは帯状装飾により美しく装われた **[図1.24]**。さらに後には、尖頭アーチのおかげで幅を増すことが可能になり、すぐ下の障壁（スクリーン）にさらなる関心が払われるようになった **[図3.21]**。ルード・スクリーンは木製か、ときには石造の壁面であり、中央に開口部や扉が設けられていた。その真上に大きな磔刑像（ルード）が吊り下げられている。最も素晴らしいものは、尖頭アーチ開口部内にトレーサリーかカスプが施され、明るく着彩されていた。アーチ直下には装飾パネルがはめられ、頂部に沿って音楽家が演奏するためのロフトが設けられたものもあった（障壁がなくなっていても、ロフトへの階段が壁体の中に残っていることも多い）。もっと単純なデザインのものも、裕福な羊毛地帯から離れた地域には存在し、身廊の終端を横断するだけのものや、あるいはサウス・ウェスト地方では側廊の終端も同じように塞がれていた。

その真上、ロフト上か独立した梁の上には大ルード、すなわち、聖母マリアと聖ヨハネを両側に刻んだ大きな磔刑像が置かれていた。内陣

図7.6
ベドフォードシャー州フェルマシャムにおける着彩された15世紀の障壁（スクリーン）の例。輝かしい色彩のいくらかを残しており、宗教改革の前には内装のほとんどが着彩されていた。

図7.7
サウス・ウェスト地方のデヴォン州やその他のところでは、ストーク・イン・ハートランドにおけるこの例のように、ルード・スクリーンは身廊と側廊を横切る単一の調度として連続するものだった。教会堂、とりわけ、主流を外れたものの中には、州長官に惜しまれたり、共感した高位聖職者によって保存されたりして、中世の特徴が多く残ったものもある。

アーチ直上の《最後の審判》壁画の部分を覆うほど大きなものもあった。それらがかつて立てられていた隙間が壁面上に今も見られることがある。カノピー・オヴ・オナー、あるいはルード・セルヤーは（カノピーもセルヤーも「天蓋《てんがい》」の意）、そのすぐ上の身廊天井の一部分であり、その装飾により、真下の空間が重要であることがわかる。ルードは宗教改革以降に最初に失われた部分の一つであり、新たな「礼拝」（カトリック教会では「典礼」）のために内部が開放されたので、障壁自体も撤去されるようになった。《最後の審判》は白漆喰で塗り込められ、王家の紋章、十戒、または《主の祈り》が描かれたり、《最後の審判》を覆うように掛けられたりした。

ストールとミセリコルディア

大規模教会堂や参事会聖堂の内陣障壁のすぐ裏には木製ストール（座席）が、内陣両脇に１列か２列設けられていた。中世のものは聖職者や寄進者のために設えられ、折りたたみ式の座面を備え、その下面には「ミセリコルディア」（ラテン語）と呼ばれる突出部があった。それによって、長い典礼の間、前に立っている人が休むことができた。ほとんどは象徴的な、あるいは風刺的な彫刻で装飾されていた。これらのストールを合唱隊のために使用する現代の用法はヴィクトリア時代に導入され、既存のものを再利用したり、当初のものを複製して新しく設えたりした。複製は、多少の使用感はあるものの、複製と新品の見分けはほとんど付かなかった。

音楽は中世の教会にとって重要な要素だった。中世末にはほとんどの教会堂に何らかの単純なオルガンが設けられ、ルード・ロフトに設置されることが多かった。サンクトゥス・ベル

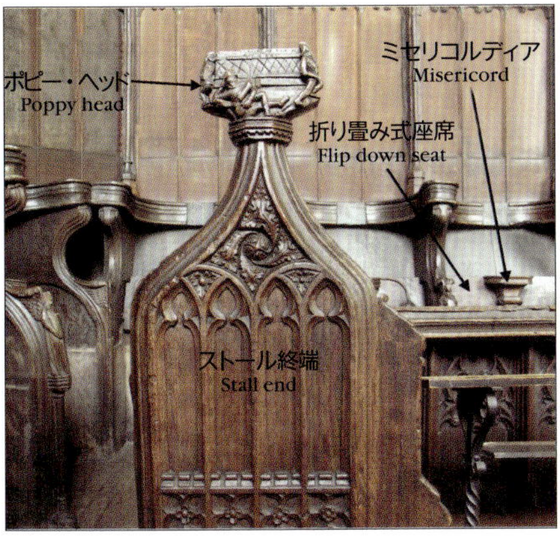

図7.8：シュロプシャー州タングの参事会聖堂のストール細部。

図7.9
ミセリコルディアは探求に値する素晴らしい細部であり、中世の匠が自己表現できる数少ないものだった。鳥、野獣、魚を含む彫像、神話、中世物語（『狐物語』が有名）、日常生活やスポーツのような主題が多く見られる。架空のキャラクター、修道士、博士や音楽家も戯画的に描かれた。ミセリコルディアにもたれ掛かる人々の重要性を考えると、宗教的主題のものが稀なのは意外である。

は小さな手持ちの形式のものであり、ミサの間、所定の場所で鳴らされた。担当者は身廊か交差廊に座っていて、スクウィントが設けられていれば、祭壇で行われていることを見ることができた **[図7.5]**。身廊東端の真上の屋根に吊られたものもあった **[図3.17]**。清教徒は礼拝における遊興《ゆうきょう》を忌み嫌ったので、ほとんどの楽器は姿を消したが、宗教改革以降、主にレンの手による教会堂群において、オルガンだけは内陣に再登場し始めるようになった。それらの今日のような用法は、主にヴィクトリア時代か近代に始まったものである。

ピスキナとセディリア

中世教会堂において祭壇に隣接していたのは小さな石造水盤であり、通常、南壁面に配置された。これはピスキナと呼ばれる（ラテン語で「水盤」、「養魚槽」の意）。典礼の後、聖器を洗うのに用いられ、屋外の聖別された地面で乾燥された。エドワード１世治世下（1272–1307）に設置されたものは椀を二つ備える傾向があり、追加された方には聖杯から聖水が注がれた。ピスキナが内陣の外側に見られる場合は、中世に加えられた祭壇がかつてあったことを示している。

通常、その隣に見られるのはセディリアである（ラテン語で「座席」の意）。南壁面に立て付けられた３席の座席であり、真上に同時代の様式で装飾されたカノピー（天蓋）を備えることが多かった。典礼において聖歌が歌われる部分では、司祭は東側の座席に（上座を意味することが多かった）、助祭と副助祭がその他の席に座った。

北側には、訪問した司教の用いる木製のサンクトゥアリウム席が配されることもあった。また聖金曜日から復活の主日まで聖体が置かれた「復活祭の墓所」が設けられることもあった。ほとんどは仮設のものだったが、いくつかの石造のものが現存していて、通常、14世紀までさかのぼる。内陣壁面の長方形の孔《あな》は古いオームブリー、すなわち、中世の聖器棚であり、当初、正面には扉があって、祭壇用の皿が収められていた。

ほとんどの中世教会堂では、司祭は、これから行う典礼に必要なすべての用具を携え、装いを終えて、内陣脇の専用扉を通って教会堂に入場していた。最大規模の教会堂では、独立した

図7.10
オームブリー（くぼんだところに設けられた聖器棚）を備えたピスキナ（ラテン語で「水盤」の意）。棚には典礼で用いる水とワインを容れる水差し状の小瓶、および、司祭の指を洗う椀が収納されていた。初期のピスキナの中には、この例のように円柱上に載っているもの、あるいは石造ブラケットに支持されているものもあった。他にセディリア（ラテン語で「座席」の意）の一部として作られるものもあった **[図7.11]**。

図7.11
3箇所に特徴的な開口部を備える座席（セディリア）。左方には小さなピスキナもある。これらの例では座席は横1列に配されているが、階段状になっているものもあった。セディリアとピスキナの周囲の装飾やカノピー（天蓋）によって年代判定が可能なこともある。これらの例には内側にカスプ、外側にクロケットを備えたオジー・アーチがあることから、おそらく、15世紀のものだろう。

図7.12
リンカンシャー州ヘキングトンの手の込んだ「復活祭の墓所」（キリストの墓所を模したもの）。

サクリスティア（聖具室）が建設されることもあり、衣装と聖器が収納され、司祭専用の祭壇も備えていた。イングランド国教会では、これらの脇の部屋は「ヴェストリー」（ラテン語「ウェスティアリウム」に由来）と称され、ほとんどはヴィクトリア時代に建設されたものか、宗教改革前の詠唱祭室を転用したものである。今日、これらの部屋が存在しないところでは、牧師は、側廊の一部か塔の真下の部分をカーテンで仕切って、そこで準備せねばならない。

祭壇、聖卓、リアドス

主祭壇（脇の祭室に配置された他の祭壇とは区別してそう呼ぶ）は教会堂の中心点であり、当初は聖なる聖遺物が収納されていた場所である。中世の石造の形式では、頂部に厚板（メンサ）があり、各隅部4箇所と中央に十字架を備えていた。この部分はすぐ下の基部が後のものだとしても現存していることがある。真上の小屋組は主祭壇の重要性を強調するように装飾されていたようだ。天井にフックを備えるものもあり、そこには四旬節《しじゅんせつ》[1]のベールが掛けられていた。宗教改革以降は、聖卓が設けられた。多くは16世紀末から17世紀初頭のものであり、特徴的な球根形の脚部を備える。

1）現在のカトリック教会では、灰の水曜日から聖木曜日の主の晩餐（最後の晩餐）の夕べのミサ直前までの44日間を指す。

図7.13
リンカンシャー州ボストンのセント・ボトルフ教会堂内陣。壁面全幅を横断する1890年代のリアドスを備える。もっと古いものがあるところでは、通常、彫像はヴィクトリア時代に再配置されたものであり、当初の彫像は宗教改革以降に破壊されている。上部には東窓があり、建造物の中でもっとも印象的なところである。両脇にニッチ（壁の一部に設けられたくぼみ）を備えるものもあり、通常、北側のニッチに教会堂の守護聖人像が収められる。

ほとんどの中世教会堂では、東窓の下の壁面に祭壇画が配され、壁面に直接描かれることもあれば、パネルに描かれることもあった。中には、もっと手の込んだリアドス、つまり、大きな石造障壁（中世にはアラバスター製が、ヴィクトリア時代には白大理石製がよく見られた）か木製障壁が彫像（通常、宗教改革後に撤去されたのを近代に再配置したもの）とともに設置される場合もあった。祭壇の正面に内陣を横断して手摺《てす》りが設けられている。これらの祭壇手摺りは宗教改革以降に設置され始めたものだった。ルード・スクリーンなしだと祭壇が開放されすぎていて、犬すら追い出さなければならない、誰でも入れる状態のように思われたからである。多くの手摺りがジェームズ1世時代のものであり、清教徒たちが祭壇を身廊側に移そうとするのをあきらめさせるために設置されたのである。

内部の追悼記念碑

教会堂を生活と結びつける一側面として死者への追悼《ついとう》がある。彼らの名前、志、社会での地位、ユーモアまでもが、その墓穴の蓋、壁面の額、墓所に刻まれた墓碑銘《ぼひめい》やそのデザイン上に表れており、過ぎていった数百年の時の流れを物語っている。身廊内部にも多くの墓が見られるが、内陣、もっと正確にいうなら祭壇こそ、人々が競って最も近いところに墓を得ようとしたところである。ここに埋葬されていたのは共同体の中で最も裕福で最も重要な者たちだけだった。

今日、教会堂内部で見られるほとんどの追悼《ついとう》記念碑《きねんひ》は、中産階級が上位者の階級に加わることを激しく要求するようになった18世紀のものだろう。これは教会堂内部での埋葬の禁令が発せられた1840年代に終焉を迎えた。日常の礼拝が行われる場所からわずかな距離のところに腐敗する遺体を配すると明らかに健康に悪く、不快な悪臭が漂うからである。さらに小教区内の富裕層も、教会堂構内か新たな都市墓地といった教会堂外部に埋葬されなければならなくなり、社会における自らの地位を顕示するのに壮大な墓所を自由に建立していったのである。

墓所

サクソン時代には教会堂内部での埋葬は滅多に認められることはなく、11世紀、12世紀になってもなお、通常、教会堂内に埋葬を許されたのは高位聖職者のみだった。その場合、床に埋め込まれた蓋付の石棺《せっかん》に収められたが、一時的な埋葬であり、遺体はしばらく安置された後に納骨堂（地下室、あるいは外部の小規模建造物）に改葬され、棺《ひつぎ》は他の人のために再利用された。

13世紀末の間に各地の教会堂の地元の富裕な一族のための永代追悼記念碑が墓所という形で登場し始めた。墓の蓋は高いプリントス（建造物基部の周囲をめぐる突出部）の上に載せられ、上には肖像彫刻が置かれた。最初期の肖像彫刻は木材か石材を粗く刻んだもので、ジェッソ（イタリア語で「白亜《はくあ》のペースト状の石膏《せっこう》」のこと）で覆われており、遺体の細部をかたどっている。これらは故人の正確な表現というわけではなく、精密な肖像彫刻に発展したのは14世紀になってからだった。この頃には、石材、とりわけアラバスター（柔らかい大理石のような材料で、橙色か赤色の石理《いしめ》が入っていることが多い）が完全な彫刻再現のために使用されるようになり、全体が着彩された（墓所を近くから見てみると、その断片がまだ見られることもある）。これらは身廊の脇の一族のための祭室内か、内陣内の独立した墓所の上に配された。また、教会堂壁面のくぼんだところに置かれたものもあり、真上にはカノピー（天蓋）が設けられた。

図7.14
ダービーシャー州ベークウェルの中世墓穴の蓋。初期の形式では頂部に単純な十字架を備えるが、後のものは、この例のように本体より幅の広い基壇（建物をその上にのせるための石や土の壇）を備え、もっと装飾的である。他人の埋葬のために再利用されていたので銘文はない。

図7.15
ダービーシャー州ベークウェルの中世石棺群。腐敗した遺体から出る液体を排出する孔が底に空いており、正確にはサルコファグス[1]と称するべきだろう。

1） 石材やテラコッタで作られた、遺体、または遺体を入れた棺を収める櫃のこと。

図7.16
ダービーシャー州アシュボーンの教会堂の15世紀までさかのぼるアラバスター製肖像彫刻を備えた墓所。肖像彫刻の姿勢は時とともに変わっており、流行の衣装と甲冑も追悼記念碑の年代判定の材料となりうる。あたかもすぐに動き出しそうに剣の上に手を置いた騎士たちの像は13世紀末から14世紀半ばまでよく見られた。その背後には交差させて配置した武具がぴったりと配置されていた。だが、15世紀になる頃には、手は祈る形で合わせられ、甲冑だけでなく流行の衣装も広く見られるようになった。以降はこの例のように、通常、妻の肖像彫刻も隣に配されるようになった。

真鍮追悼記念碑

以上のような輝かしい追悼記念碑を建てることができない場合、床の蓋にはめ込まれた大きな真鍮《しんちゅう》板が次善の策となった。弱小のジェントリー階級、商人や職能を持った人々の間で、とりわけ、東部諸州において広まった。「真鍮」とはいっても、亜鉛と銅の合金ではなく、「ラトン」とよばれる錫《すず》と銅の合金であり、故人の経歴が刻まれ、墓碑銘が刻印された。

最初期のものは13世紀末までさかのぼり、大

図7.17
15世紀のカノピー（天蓋）付きの墓所。アーチの形態とその周りの装飾、および、肖像彫刻の様式から年代を判定することが可能である。この例が彫られた当時、墓所の脇に沿って紋章を施した複数の盾がよく配された。

図7.18
現代人の目には恐ろしげに見えるのは、黒死病の流行以降、16世紀になるまで展開した墓所の形式である。肖像彫刻直下の空間が空洞になっていて、その開いた側から頭蓋骨（カダーヴァー）の彫刻を見ることができた。これは富裕層も貧困層と同じ運命をたどることを富裕層側が謙遜して表現したものである。

規模なものになる傾向があった。レリーフや文字が深く刻み込まれ、髪の毛先がカールした人像が見られる。多くは鎖帷子《かたびら》と甲冑に身を包んでいて、足を組んだ騎士のものもあり、銘文はフランス語で書かれていた。14世紀末から15世紀にかけての例では同時代の衣装かプレート・アーマー（板金製甲冑）を着ていて、通常、髪型はストレートだった［図7.19］。銘文はラテン語で書かれていて、英語が現れるのはもっと後のことである（中世の高位聖職者たちはその追悼記念碑において常にラテン語を使用した）。中世末になるほど大きさは小さくなっていき、刻印の質は低下して、彫像は重々しく陰鬱で硬直したものとなった。これらの多くは背後のもっと早い時期の刻印とともに再利用されたけれども、テューダー朝末期にかけて追悼記念碑の広く見られる形態であり続けた。

図7.19
真鍮追悼記念碑は中世末についての有用な情報源である。その他の形態の追悼記念碑では文章が磨耗しているか、あるいは存在しないからである。清教徒革命時の王党派と議会派の内乱の頃にはぎ取られることが多かったので、当初のものはほんのわずかしか現存していない。それでも、かつてそれらが取り付けられていたくぼみのある石材は、多くの教会堂の床面にまだきれいに残っている。

記念碑、壁額、墓所

宗教改革の結果として、富裕層はその財産を教会堂には注がなくなっていた。例外は追悼記念碑であり、規模も記念碑的といえるほど立派なものとなっていった。16世紀末から17世紀初頭にかけて、縁周りに紋章か「泣き女」像（故人のために泣き叫んでいる彫像）を伴った独立した櫃形墓所の形態となった。壁面に寄せて配され、跪く夫妻の像がお互いに向き合い、彼らの下方には子供たちの像が同様の姿勢で配されている（両親よりも前に没した者の頭蓋骨を掲げている）ものもあった。また、肘に頭を寄せて流行の衣装に身を包んだ輝かしい人像の場合もあった。

17世紀末以来、人像は次第に古典古代の衣装を着た立像となっていき、古代ローマ皇帝のごとき姿勢を取るまでに至るものすらあった。この傾向は18世紀に頂点を迎え、正面に古典主義的細部と礼服や鬘《かずら》を装った巨大な人像を備えた白色と黒色の大理石製の記念碑（この頃、明るい色彩で追悼記念碑を着彩しないようになった）が、ほとんどの慎ましやかな農村教会堂にまでも多く見られるようになった。

今や農民や職人もジェントリーや商人と競い合って建造物内部に埋葬地を得ようと試みはじめた。通常、壁額、あるいは床面にはめ込まれたレジャー、すなわち、銘文が刻まれた石板が備えられていた。多くの教会堂では、壁面と床面が追悼記念碑によって埋め尽くされるようになった。後にヴィクトリア時代の人々はこのようなことをやめただけでなく、修復の一環としてそれらを撤去すらした。

図7.20
ダービーシャー州アシュボーンの17世紀初頭の墓所。同時代の衣装、それに流行の建築細部によって、年代が読めなくなっている場合も追悼記念碑の年代判定が可能である。この例は、ストラップワークと呼ばれる平坦な帯状装飾からなる、両脇を走る幾何学紋様から、1580年代から1620年代にかけてのものだと思われる。

図7.21
ノルマン時代のアーチの左方に配された、古代ローマ皇帝のような装いの故人の像がある、かなり大がかりな追悼記念碑は18世紀半ばのもの。右方の、古代ギリシアから着想を得たもっと控えめな壁額は19世紀初頭のものだろう。

図7.22
信徒たちにとって邪魔だったに違いない18世紀の壁面追悼記念碑。そこに配された厳めしい人像が、礼拝の間、彼らを見下ろしていた。

第8章

塔と尖塔屋根
Towers and Spires

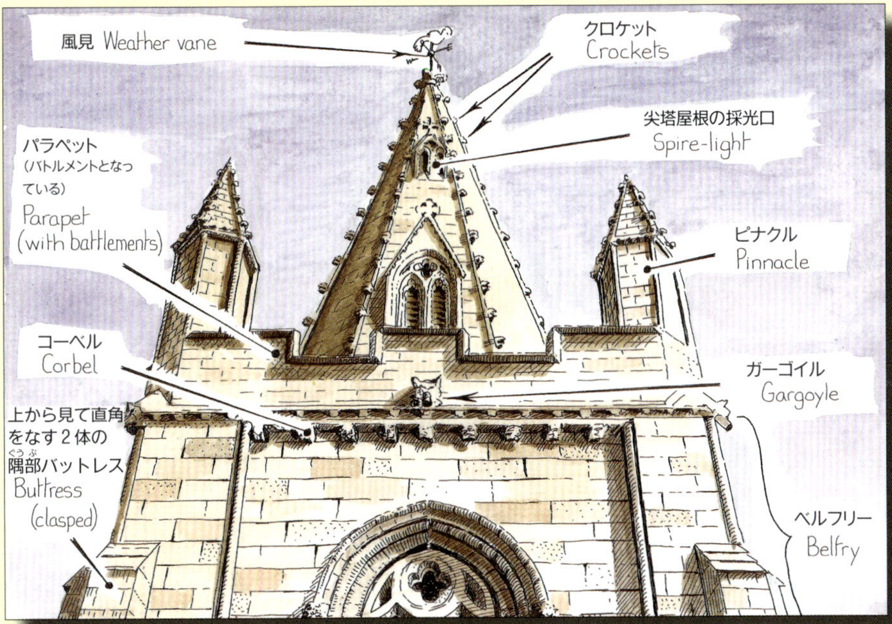

図8.1
塔の図解。パラペット付尖塔《せんとう》屋根を備える。特徴的な部分には名称を載せた。

塔や尖塔屋根はほとんどの小教区教会堂の最も誇るべきところだ。遠くからも見える目印であり、そこから村や町を一望することができる。建造物の中でも儀式や典礼の役に立つ部分ではなく、唯一の役割は鐘を保持することだった。しかしこれは教会堂構内の独立した木製枠組みですでに十分果たされていたのであり、塔は単に贅沢な建築だったのである。村や富裕な人々が隣人をしのごうとして、もっと高く手の込んだ塔を増築することはよくあった。石工が活動している限られた地域と、その土地で採れる材料の特性に沿ったこの競争により、それぞれに明確な地方性が培われていった。サマセット州の高く手の込んだ塔、および、イースト・ミッドランド地方の尖塔屋根は、まさにこれらの土地に根ざした形態の好例の双璧である。そのすっきりした紋様はその後、ヴィクトリア時代のものに取って代わられることとなった。当時の人々が好みの形式をイングランドのほぼすべての地域に導入したからである。

とはいえ、19世紀の建築家たちのおかげで多くの塔が救われたというべきだろう。単純な道具、木製足場、科学というよりも経験によって巨大な構築物を建立した中世の建設者には本当に驚かされるが、通常、基礎が貧弱だったり、後世放置されたりして多くは倒壊したのである［図4.14］。今日見られる教会堂は、野心的だが資金が尽きて途上に終わった計画だったり、低い塔だったものが後世高くされたものだったり、あるいは悲惨な状況だったため、再築され、以前の姿は低いところにしか残っていないものだったりするのである。

図8.2：リンカンシャー州ボストン
塔の主な目的は鐘を保持することだったが、貴重品室、避難所、信号発信所として用いられることもあり、おそらく、その主な動機は権威の誇示だった。イングランドで最も高い中世の塔は、この写真に見られる288フィート（約88メートル）のボストン・スタンプ（スタンプは「切り株」の意で、ここでは円筒形のものを指す）であり、その混み合った港に入る艦船にとって助けとなるものだったけれども、それ以上に、貿易がこの町にもたらした富を見せつけるものだった。

図8.3：ノーフォーク州ビーラ
最も土地に根ざした特徴を持つ塔はイースト・アングリアの円筒形のものである。現在も立っている100棟以上のほとんどはサクソン時代かノルマン時代に建立され、おそらく、襲撃から身を守ることも想定されていただろう。これらは監視哨《かんししょう》として役立てられていたようで、梯子を備えていて、攻撃された場合に村民を中に入れるようにしていた。一方、良質な建設用石材がこの地域になかったため、施工に有利な形として隅部を持たないこの形態が成立したのだろう。この例では14世紀に増築された八角柱のベルフリー（鐘楼《しょうろう》）が見られる。

初期の塔

13世紀より前は小教区教会堂に塔が設けられることは稀だった。塔が建立されるのは建造物がミンスター聖堂であるか、あるいは重要な中心地（たとえば、**図8.4**のバートン・アポン・ハンバーは当時の主要な港だった）にある場合だけだった。細長い形態のものもあり **[図8.5]**、おそらく、身廊として用いられた太い塔もあった **[図8.4、8.6]**。ノルマン人たちは、同じような、しかし、もっと大きな開口部を持つ形態の塔、あるいは、低いピラミッド形屋根[1]（通常、後に置き換えられた）を頂いた中央塔（交差廊の有無はあった）を建立した。中央塔には、手の込んだ西正面と窓を加え、壮大な儀式用入口を作ることができるという長所があった。おそらく、これらは選ばれた少数の石工か聖職者によって建立されたのであり、それゆえ、様式が似通っていて、この段階では地方による多様性はほとんどなかった。彼らは建立に多くの時

図8.4：リンカンシャー州バートン・アポン・ハンバー
サクソン時代のこの注目すべき塔は10世紀末のものであり、アールズ・バートンの例 **[図1.20]** によく似た三角形および半円形のアーチを頂く、縦方向の桟《さん》を備えた開口部が見られる。建立当初は、四角柱形の塔の基部は身廊として機能しており、この写真の左方の小部屋は、おそらく、洗礼堂として使用されていて、右方の同様の部屋は内陣だった。後者はノルマン・コンケストの頃に再築され、塔は高くされた（頂部の異なる石材による部分）。後にはさらに現在の身廊と内陣が増築されている。

図8.5
モンクウェアマウスにある7世紀の修道院付属教会堂の特徴的な細い塔 **[左]**（上部は後のサクソン時代のもの）、および、リンカンシャー州マートンの11世紀のもの **[右]**。マートン **[右]** の身廊屋根の真上の塞がれた扉の頂部に注目。これはサクソン時代の塔の明らかな特徴であり、当初、身廊内部にあった。その上に以前の屋根の線が見られる。

1） 日本では方形《ほうぎょう》屋根または、宝形《ほうぎょう》屋根という。

図8.6：バキンガムシャー州フィンジスト
特徴的なベルフリー開口部と重々しい形態の大規模なノルマン時代の塔。小村を見下ろしている。同様の塔において最下層の部屋が司祭の住居として使用されていたのに対し、バートンの塔 **[図8.4]** と同じように、当初、教会堂の身廊として使われていたようである。二重の鞍形《くらがた》屋根（切妻《きりづま》屋根が横に連なったもの）が載っている。これは17世紀末から18世紀初頭にかけて広く見られた、大空間を覆う方法である。おそらく、当初は低いピラミッド形屋根だったのだろう。

間を費やしたので、上にいくにつれて装飾が変化していった。

図8.7：グロスターシャー州ケンプリー
ノルマン時代の特徴的な低く簡素な塔。低いピラミッド形屋根が架かっている（バットレスなどの細部は後世のもの）。12世紀の塔の多くが、また、後の時代のもののいくつかも、頂部周囲にコーベル（持ち送り）付きの棚状の装飾を備えている。

初期イングランド式、および、華飾式の尖塔屋根

13世紀から14世紀初頭にかけて、尖塔屋根は豊かな寄進者のいる教会堂にとって必ず増築しなければならないものとなった。その正確な期限は不明だが、おそらく、ノルマン時代の塔に載せられていたピラミッド形屋根の勾配を急にすることから展開したのだろう。その方が新たな細長いランセット窓にふさわしかったからである。

同じ頃、八角錐形の方が、塔の正方形の頂部と接合する各隅部に隙間が生じることを除け

図8.8：ケンブリッジシャー州バーナック
13世紀のかなり低いこの尖塔屋根は、おそらく、イングランド全土でもっとも古い現存例である。サクソン時代の構築物（荒々しい石積みと柱状の線状装飾に注目）の上に立っており、鐘のある八角柱形の層と塔の正方形の頂部の間の接合部を覆うように、ピナクルが隅部に設けられている。

ば、尖塔屋根に向いていることが判明した。オクスフォード周辺の13世紀の最初期の例の中には、これらの隅部の上にピナクルを建設してこの問題を解決したものもあったが、イースト・ミッドランド地方では「ブローチ」と呼ばれる傾斜した小さな三角形の部材が用いられ、これによって特徴的なブローチ付尖塔屋根が登場した。湿気を防ぐためには風通しが大切だということも分かってきたので、「スパイア・ライト」（尖塔屋根の採光口）と呼ばれる、三角形のゲーブル（妻壁）を頂いた窓のような形態の装飾的な開口部が設けられるようになった。最初は大きくなる傾向があったが、やがて小さくなっていった。

この時代の末には、尖塔屋根はもっと高くな

図8.9：レスターシャー州カービー・ベラーズ
ブローチ付き尖塔屋根と塔は13世紀末から14世紀にかけて作られたもの。尖塔屋根の採光口（スパイア・ライト）の様式と大きさから、この構築物の年代を判別できる。

図8.10：コーンウォル州トレベセリック
風雪によってかなり傷んでいるブローチ付き尖塔屋根は13世紀のものであり、この写真では左へわずかに傾いている。このゆがみとねじれは鉛板葺《なまりいたぶき》の木造尖塔屋根にはよく見られるもので、ダービーシャー州チェスターフィールドのものが有名である。おそらく、絶え間ない寒暖の差か、木材を乾かさずに使ったことによるもの。

り、帯状装飾かクロケット（小さな葉状突起部のこと）が屋根の頂点と基部を結んだ稜線《りょうせん》上に施されることも多かった。もっとも顕著な変化は塔の頂部周囲にパラペット（胸壁《きょうへき》）を加えたことである。排水のためのガーゴイルが設けられ、尖塔屋根は背後に配置されてもっと素晴らしく見えるようになった。塔に梯子を設置できるのが長所であり、これにより建設と維持管理が容易になった。

図8.11
エセックス州グリンステッドの、基部の勾配が浅くなったこけら葺の尖塔屋根［**上**］。適切な石材に乏しい南部地方に広く見られる。ハートフォードシャー州スタンステッド・マウントフィチットのこの例［**中央**］に見られるように、スパイク（バトルメントの頂部で外側に尖端を向けて突出した部分）はエセックスの明らかな特徴である。チェシャー州マートンのこの例［**下**］のように、塔の周囲に下屋のような側廊（ここでは周歩廊）を設けて、塔を支える木造架構を覆ったものもあった。

図8.12：チェシャー州アスベリー
針のような特徴的な外見の、14世紀のパラペット付き尖塔屋根。このパラペットは簡素だが、ほとんどのものはバトルメント（鋸歯《きょし》状胸壁）を備えていた。これは独立した塔の例でもあり、本来ほとんどの塔が配置される身廊西端の基礎が貧弱だったという理由によることが多い。

図8.13：リンカンシャー州グランサム
イングランドで最も素晴らしい14世紀の教会堂の尖塔屋根の一つ。隅部下方に向けてクロケットを備えている（これらが尖塔修復人のための階段となっている）。上へとそびえる尖塔は、稜線が直線の場合、真ん中が少しくびれて見えるので、円柱の中央部を膨らませて見せるのと同様に、中央部のクロケットを大きくした尖塔もあった（エンタシスと呼ばれる）。

垂直式の塔

14世紀末に尖塔屋根は流行からはずれ始めた。幅が広く低いアーチと低勾配の屋根を備えた新たな垂直式は、尖塔屋根よりも、屋上が平らに見える塔に合っていたことも一因だった。宗教改革が始まるまで、数千の新たな塔が建立され、塔のない既存の教会堂の上に築かれたり、従来の中央塔の形式のものに取って代わったりしたものもあった。また、新たな野心的な計画

図8.14
垂直式の最も素晴らしい塔はサマセット州にまとまって見られる。当時、羊毛貿易によって豊かになった地域であり、個人の富をこれらの高くそびえる壮大な建造物に注ぐ者たちがいた。バックウェル［**左**］とウィンズコム［**右**］のこれらの例は、特徴的な大きなベルフリー開口部、手の込んだパラペットとピナクル、そして突出したバットレスを備えている。バックウェルでは階段状になっており、ウィンズコムでは隅部から斜めに突出している。

図8.15：ダービーシャー州ユールグレーヴ
垂直式の大規模な塔は、その高さ、階段状に突出したバットレス、同時代のトレーサリーを備えた大きなベルフリー開口部によってすぐに分かる。頂部周囲にバトルメントとピナクルが設けられる傾向も見られる。

図8.16：リンカンシャー州ゲドニー
垂直式の時代に高くされた塔の例。下方に見られる初期イングランド式の構築物（当初の塞がれたベルフリー開口部と、隅部に沿った円柱付の平坦なバットレスに注目）に、特徴的なオジー・アーチとベルフリー・トレーサリーを備えた上層階が増築されたのである。頂部は尖っていないように見える。尖塔屋根が計画されたものの全く完成しなかったようで、今日では鉛板葺の小さな小尖塔屋根がその場所に立っている。

図8.17：バキンガムシャー州リトル・ミセンデン
慎ましやかな垂直式の塔も、やはり、突出したバットレス、バトルメント、それにカスプのある長方形のベルフリー開口部が特徴となっている。この例には突出した階段小塔があり、特定の地方で広く見られる特徴である。他にも階段が隅部かバットレスの中に隠されている。細長い窓の連なりを探すと、階段がどこにあるのかがわかる。

の一部として建立される場合もあった。ほとんどは以前のものよりも高くなっていて、細くなったがさらに突出した階段状バットレスが隅部に設けられ、最新の窓トレーサリー（紋様を描く装飾的な石造部材）の様式による大きなベルフリー（鐘楼）開口部が開けられていた。通常、頂部にはバトルメント、すなわち、狭間《さま》状装飾のあるパラペットが設けられ、隅部にピナクルを付けることも多かった。

さらに後の塔と尖塔屋根

宗教改革とともにこの偉大な塔建設の時代は終焉を迎えた。地元の誇りの象徴としてこれらの塔建立に必要とされた莫大な額の資金は、今や私的な計画に向けられることとなった。塔が建立される場合は、徐々にれんがで作られるようになっていき、最初は南部と東部の諸州から始まったが、17世紀にはミッドランド地方にまで伝播していった。1660年の王政復古以降は、新たな古典主義様式が反映されるようになり、レンによるロンドンの教会堂群［図4.3］が代表例である。だが、ほとんどはそれほど野心的なものではなく、半円形アーチを頂いたベルフリー開口部が開けられ、屋根にはクーポラ（ドーム）か同じような要素が載っていた。

ヴィクトリア時代のゴシック愛好により尖塔

図8.18：レクサム近郊バンゴール・イス・ア・コイド（ウェールズの町）
ジョージアン時代の塔は、おおむね装飾がなく、バットレスも付いていない本体に古典主義的細部が使用されているという特徴がある。半円形アーチを頂いた開口部、円形開口部、頂部にはクーポラ（ドーム）や壷のような装飾要素も見られる。

図8.19：リンカンシャー州フォスダイク
ヴィクトリア時代の特徴的な赤れんがの教会堂。鉛板葺の尖塔屋根が載った塔が見られる。この材料は同じような木造構築物でも幾世紀にもわたって使用されてきたが、風雨にさらされると緑色になる銅が用いられるようになったのは18世紀以降である。

屋根が復活し、再び町や都市のスカイライン（建造物群が形成するシルエットのこと）を突き破る要素となった。だが、普通は新たな創意がほとんど見られない中世の形式の模倣にすぎなかった［図2.4］。この時代の末、20世紀に入ってから、ノルマン時代の低い塔と垂直式の高い塔が着想の元となり、ようやく、単純化された大胆な特徴を持つ新たな形式が登場したのである。当時、小さな共同体のために建設された多くのこれらの教会堂においてはベルコート（小鐘楼）を建てるだけで十分だった。単純なゲーブルを頂き、鐘を収めるところには2連の開口部が開けられていた［図5.5］。

鐘

塔を建立する唯一の実用的な理由は鐘を収容するためであり、5000棟以上の塔が5鐘以上連なった鐘を備えている（通常、イングランド国教会においてのみ）。典礼に人々を呼び集めたり、警報、祝意、弔意を表したりするために鐘は鳴らされた。正確な年代が判明している最古の鐘は13世紀のものであり、これらの中世の形式は後のものよりも細長くなる傾向があった。

図8.20：バキンガムシャー州ヘザー

19世紀、多くの教会堂では、この例のように、中世末のフリント［図0.3］とれんがでできた教会堂に小規模な鐘小塔が増築されたり、あるいは、単純なベルコートが加えられたりしている。

図8.21

鐘の上部の帯状装飾には年代が記録された文章が記され、中央の小さな枠内には「ヘンリー・ニールが私を作った」と書かれている。

祈りの言葉が刻まれることも多かった。ほとんどの鐘は宗教改革以降のものであり、英語の銘文と制作者の名前が刻まれた。鐘は次から次に、しかし、時刻によって順番を変えて鳴らされた。この特徴的な変化する鐘鳴《しょうめい》は17世紀半ばに初めて導入され、イングランドにのみ見られるものである。

鐘鳴は縦に連なる鐘によって始まる。それぞれの鐘の脇のホイールに付けられた綱が解き放たれると、次の瞬間に約300度も回転し、ヘッドストック［図8.22］に固定されたステー（支持材）によって止められ、直下のスライダーをたたく。鐘が振れると内部の舌《ぜつ》が音響バウ（鐘の口の厚い金属製の縁のこと）をたたくのだ。鐘鳴の音色は鐘の大きさと形による。

図8.22
近代の金属フレームに設置されたホイール付の一群の鐘。

時計

信徒たちは鐘によって呼び集められるのだが、典礼の時間は教会堂の南側に刻まれた小さな日時計［図6.10］によっても算出することができた。農村教会堂に時計が登場したのは17世紀になってからであり、ほとんどはそれ以降のものである。これらの初期の時計は特に丹誠込めて作られ、色彩豊かに装飾された彫像が鐘を鳴らしたり、手の込んだ立体的な文字盤を備えていたりした。

風見

農業が盛んな国において、風向きを知ることはとても重要である。教会堂の塔の頂部の風見はバイユー・タペストリー[1]にまで見られる要素であり、竜や魚の他、警戒心を象徴する雄鶏もその上に載せられた。

1) 1066年のノルマン・コンクエストの物語を描いたタペストリー（刺繍画）。

第9章

教会堂構内の十字架と追悼記念碑

The Churchyard Crosses and Memorials

図9.1

平穏で、心惹かれる神秘的な教会堂構内には、蔦の這《は》う傾いた墓石が不規則に配置されていて、たいていの場合、その中心に立っている教会堂と同じく記憶に残るものである。1000年以上も使われてきたものもあり、土を掘り返すと今の10倍の墓があるだろう。墓を埋めているため、敷地は周辺の土地よりも何フィートも高くなっているはずである。時の流れとともに、その外観と用途も変化しており、多くの場合、現在の姿は比較的近年に作り上げられたものである。

神秘と迷信が「神の大地」の起源を取り巻いている。古代に創設されたことが確実な教会堂構内（日本の社寺の「境内《けいだい》」にあたる）もあり、数多くの発掘現場に存在する先史時代の石材や墳墓は、それらの地が数千年も聖なるものとされてきた証だ。キリスト教会はその跡に現在場所を占めているだけなのである。これらの区画の中には円形のものもある。ただし、この形態が先史時代に、あるいはケルト人の初期の改宗者たちによって創設されたという決定的な証拠になるわけではない。

単なる墓地とは区別される教会堂構内について最初に言及されたのは8世紀末のことであり、おそらく、ミンスター聖堂か教会堂、大きな十字架と墓地、当初は小さな木製十字架群によって示されていたその境界についてだと思われる。多くの教会堂構内は常設の建造物が建立される前に創設されたのだろう。そのときは木製か石造の「宣教の十字架」と、おそらく、その周りにさらなる埋葬地を獲得した創設者たる宣教師、あるいはその地元の権威者の墓だけがあったものと思われる［図9.3］。

図9.2：ヨークシャー州ラドストン
この巨大な一枚岩は先史時代のものであり、その聖なる価値を失わず、後に教会堂が傍らに建立された。教会堂構内もだいたい円形であり、多くの他の初期の敷地と共通している。他の重要な例はバークシャー州トプローにあり、墓地の中に古代の墳墓が開かれ、イングランドで最も豊かなサクソン時代初期の墓の一つが見られる。

中世を通じて教会堂構内は共有地であり、崇められてはいたが、単なる埋葬地以上に機能していた。構内は唯一の大きな公的空間であり、通常、宗教上の交わりを伴って催事、遊興、スポーツ、祝典のために用いられていた。構内か教会堂自体の中にまで屋台が設置され、都市においては、恐れることなく商売の好機を捉えようとした高位聖職者たちが、教会堂構内の縁に沿って常設店舗を建設することもあった。構内には数多くの構築物があって、現職司祭が住む住宅、古い墓の骨を置いておく納骨堂（あるいはオシュアリー）もあっただろう。また、地上で鐘を吊るす木造の籠も、塔が広く建立されるようになる前にはあったと思われる。

ほとんどの教会堂構内に木々が鬱蒼《うっそう》と茂っているという今日の特徴は、一般的に18世紀、19世紀の流行に基づいている。中世にはもっと開けて見えていただろう。櫟《いちい》は生えていたかもしれず、おそらく、墓標として使われたものもあった。司祭が飼っている草食動物から親愛なる故人の安息の地を守りたかった一族によって、しだれ柳、あるいは木《き》苺《いちご》類の低木が植えられていた。これは宗教改革後にさらに多く見られるようになったと思われる問題であり、この聖地に動物のための仮設の建造物が建てられることもあった。しかし、近世以降の様相と比べて、もっとも明らかな違いは墓石がなかったことである。石工を使う余裕があったわずかな人々は教会堂内部に埋葬されることを選んだからである。外には大きな十字架があることが多く、その場合、近年の埋葬地の、急速に朽ちていくような、数少ない小さな木製墓標かもっと大きな墓板くらいしか遮るもののない、小高い丘の連

図9.3
サクソン時代の教会堂構内の中でも最も顕著な名残は石造十字架であり、これらはダービーシャー州ベークウェル**[左]**、チェシャー州サンドバッチ**[中央]**、スタフォードシャー州リーク**[右]**の例。最大級のものは宣教のための十字架だった可能性が高く、大地を聖別し、敷地は日常の信仰の対象となった。おそらく、教会堂が建立される以前から信仰の対象だったものもある。一方、もっと小さな石造十字架と石板の存在は、そこが重要な墓だということを示していたようだ。聖書に記された光景がいっぱいに彫刻されたものもあった。後世、教会堂の中世壁画がそうだったように、文盲の大衆を教育するためのものだろう**[中央]**。また、非常に磨耗していて、限られた装飾しかないものもある**[右]**。サクソン時代の多くの十字架は宗教改革後の百年間に破壊され、その断片は時の流れの中で損なわれていった。そのため、今日ではほとんどは断片しか現存しておらず、その多くが当初の場所から移されていると思われる。

なる開けた地域に立てられた。

18世紀には教会堂構内はもっと親しみのある近代的な様相になりはじめた。外縁部に徐々に木が植えられていき、トピアリー（木を幾何学形態に刈り込むこと）が広く見られるようになった。境界壁と境界柵が従来の壕《ごう》と土手に取って代わり、それらの一部に資金を出した小教区民の名前が刻印されることもあった。墓石は、とりわけ1660年の王政復古以降に建立されはじめ、最初は単純なデザインだったが、ジョージアン時代にはもっと手の込んだものとなり、ヴィクトリア時代にはもっと手頃な価格の追悼記念碑が幅広く現れて、教会堂構内の境界からあふれんばかりになった。

19世紀を迎える頃には、人口が爆発し、なおもぞっとするほど死亡率の高い地域もあって、都市の教会堂構内は需要過多の状態となっていた。墓穴はこれまで従来の埋葬地に掘られてきたが、いまやその需要は「神の大地」が不適当になるほどで、新たな場が求められるようになった。こうして、投機家たちは代替地として私的な埋葬地を提供するよう促されることとなっ

図9.4

17世紀半ばより前には墓石はほとんど存在していなかったが、ほとんどの教会堂構内には聖別された大地を示す十字架があったようだ。通常、これらの目に付く象徴物は階段状の基壇《きだん》の上に建立されたが、宗教改革後の百年の間に安易な破壊の対象となり、ほとんど無傷では残っていない。しかし、磨耗した基壇が教会堂の南側によく見られ、ジョージアン時代の日時計か、ヴィクトリア時代に当初の十字架を置き換えたものがその上に載っていることもある。

図9.5：ノーサンバーランド州コーブリッジ

広壮な司祭館や神父館が建設される前は、神父のもっと慎ましやかな居館が中世には多く見られた。おそらく、ほとんどは木造であり、消失して長く経つが、コーブリッジのこの注目すべき石造の例は現存している。1300年頃、スコットランドからの襲撃者から身を守るために建設された築城化されたタワー・ハウス（塔状住宅のこと）であり、司祭は1階の部屋に家畜を入れ、上階に住んだ。

図9.6

リッチ・ゲート（「遺体の門」の意）は、棺を担ぐ人々が伝統的に、司祭によって故人が聖別された大地に迎えられるのを待つ場所である。今日ではほとんどが木造の切妻《きりづま》屋根を頂いた門であり、棺を置くためのベンチか厚板が設けられることもある。これらはここ2世紀間のものである。ただ、部分的のみであるにせよ、もっと古いものもある。遠く離れた多くの礼拝堂には19世紀まで聖別された埋葬地がなかったため、この門は重要な要素だった。葬列はいわゆる「死出の道」を教会堂構内に着くまで5マイルから10マイル（約8～16キロメートル）ほど歩くこととなった。

た。だが、これらの多くが礼拝堂以上のものではなく、数百、あるいは数千の棺が文字通り積み重ねられ、基礎の中で朽ちていくばかりの状態だった。悪臭は耐えがたいもので、礼拝があまりなされないようになったので、公衆衛生への関心と結びついた数々の抗議により、1840年代末以降、教会堂内部での埋葬が禁じられるようになった。今や、共同体の重要な者たちも屋外に追われることになり、そのために、より手の込んだゴシック様式の追悼記念碑を、周囲のよく見られる墓石と差別化するために作っていった。新たに景観が整えられた私的墓地が富裕層にとっての代替地であり、1850年代の法制化の後は、同じような公園地に整備された公共墓地がほとんど町外れに設けられた。過密に伴う問題は、1885年以降、火葬が合法化されたことで一部緩和された。

墓と追悼記念碑

教会堂自体と同じく、キリスト教徒の墓は東から西に向いて並べられており、考古学者がサクソン人の埋葬地を発掘する際に他と区別する要素となっている（それまでの多神教のサクソン人の墓ではそのような方位付けはなされていない）。最後の審判における「主の再臨」の際に死者がよみがえり、東方から昇る太陽に対面するためだというのが、その一つの理由だと信じられている。しかし、この配列はキリスト教徒

図9.7：サフォーク州ロング・メルフォード
ここ100年から200年の間、当初の教会堂構内の脇に長方形の領域を加えて、埋葬空間を増やそうとする試みが、主に農村地帯で広く見られた。両者の間の従来の境界が撤去された場合、通常、土手が残り、喧噪から離れた新たな小区域へは階段を下っていくことになる。おそらくは1000年にも及ぶ再埋葬の連続による土の置き換えによってこの傾向が増すことも多かった。これにより教会堂構内は、周囲の土地から5、6フィート（約1.5～1.8メートル）もかさ上げされることもあった。教会堂周囲の溝も同様の営みにより生じることが多かった。

の墓に特有のものではなく、太陽神信仰と結びついた長く忘れ去られた別の理由があるのかもしれない。

教会堂構内の寒くて日陰になる北側はあまり人気がなく、悪魔と結びつけられていたので、中世の埋葬は稀である（この区域は墓がないおかげで娯楽や催事に用いられることが多かった)。後に身元不明人、自殺者や洗礼を受けていない子供のために用いられることが多くなり、18世紀、19世紀になると墓の空間が逼迫《ひっぱく》してきて普通に墓のために使われるようになった。陽光あふれる南側、とりわけ、東端の周囲（「可能な限り祭壇に近い」というのは屋外において教会堂内部と同様の価値があった）は最良の場所と見られており、通常、裕福な者が埋葬された。

墓地の各区画の再利用はまだ実践されており、100年ほどしか経ってなくても行うことがあった。建造物に近いところに最古の墓があり、新しい墓は遠くにあると思われるかもしれないが、古い墓は定期的に掘り起こされているので、ヴィクトリア時代の追悼記念碑が教会堂の隣に、まったく再利用されていなかったもっと古いジョージアン時代の墓石がやや遠くに見られることも多い。

前ビクトリア時代の墓の深さは非常に多様であり、かろうじて１フィート（約30センチメートル）少々のものもあった。貧民の棺は大きく浅い穴に集められ、穴が棺でいっぱいになってはじめて覆われた。墓石の文章は埋葬された場所とは反対を向くように刻まれていて、棺の下端を示すのに小さなフットストーン（遺体の足の方に立てられた石板）を備えることも多かった。19世紀半ばになると文字の書かれる面は逆になり、埋葬地を望む方になった。現在、フットストーンは当初の場所には滅多に見られないが、再配置されてヘッドストーンに立てかけられている。芝刈りを容易にするため、古い墓石を再配置して境界壁に立てかけることは広く行われる。

墓石

墓石は近代の教会堂構内のもっとも特徴的な要素である。埋葬された時代の家族、平均寿命、その時代の社会についての情報がそこには込められている。石板に記された文章の中には幾世紀を経ても際だって瑞々しい状態のものもある(最もよい状態の現存例はミッドランド地方とサウス・ウェスト地方にある)。だが、一方で風化し割れたものもあって、墓石の形と大きさは年代判定の最高の手がかりとなる（苔の広がりも成長がゆっくりなので墓石の年代判定に使用できる)。使える材料が限られ、石工の工賃が高いため、17世紀末より前は墓石は希少品だったが、19世紀に輸送費が下がり、工房が各地にたくさんできると、ようやく広く見られるように

図9.8：ダービーシャー州ユールグレーヴ
17世紀末の最初期の墓石の中には、死者の頭文字と没年月日を記した短く厚い石材でしかないものもある。もっと大きなものは上図のように文章が記されているが、行間に文字が散らされるなど不器用に配列されている。

なった。それでも費用の負担は貧困層の家族にとっては莫大な額であり、クラブや協会の力を借りてやっと完成させられることも多かった。

今日、教会堂構内で多く見られる最初期の墓石は1660年の王政復古直後のものだろう。これらは稀であり、多くは18世紀より前のものではない。これら初期の墓石のほとんどは数フィートの高さしかなく、標柱《ひょうちゅう》、あるいはずんぐりした厚い石板でしかないものもあり、故人の頭文字だけが刻まれていることも多かった。もっと手の込んだ例では、墓石の上部、フード状繰形《くりかた》か渦巻き装飾の下に「死すべき運命」と「時」に関する荒削りの象徴が配され、その下の文章

図9.9

18 世紀初頭の墓石の上部には「時」と「死すべき運命」への病的な強迫観念を反映した象徴が施されている。17世紀末から18世紀初頭にかけて広く使用された象徴は頭蓋骨、および、十字形に交差した骨である。これは海賊が埋葬されているのではなく、少なくとも中世から追悼碑で用いられてきた「死すべき運命」の表徴である（頭蓋骨と２本の腿の骨は復活のために必要な体の部位だと信じられている）。砂時計は我々の「死すべき運命」を思い起こさせるもので、天使や有翼のケルビム（智天使）の頭部は天国へ飛んでいく魂を表している。故人の生業の象徴、たとえば、農民だったらトウモロコシの束が刻まれることもあった。

図9.10：リンカンシャー州ロング・サトンのジョージアン時代の墓石の細部

頭蓋骨、および、天使やケルビムの頭部は18世紀前半もよく用いられ続けたが、その後、後者の全身像版がもっと広く見られるようになった。名誉と栄光は冠によって象徴され、雲が表現されることも多かった。一方、1770年代半ばから1800年頃にかけて、鳩も中央によくあしらわれた。トランペットも、勝利と復活を伝達する象徴として広く使われた。

は不器用に並べられていることが多かった。ほとんどは地面の下に沈み、設置された当初よりも土の上に出ている部分が短くなっている。それゆえ、下の方に記された没年月日やその他の情報は見えなくなっていることも多い。

ジョージアン時代の墓石は18世紀半ばにこれらの初期の装飾的形式から花開くようなロココ様式へと変遷し、さらに後のリージェンシー時代（「摂政時代」の意で、1811〜1820年）にはもっと洗練されたグリーク・リヴァイヴァル様式となった。石板は大きくなっていき、高さ６フィート（約1.8メートル）に及ぶものもあった。19世紀初頭には、横顔のレリーフは手の込んだ曲線によるものから、もっと単純な幾何学形態へと変化していた。土地ごとに根付いていた石工たちは、今やさらに広く活動し、富裕層のために美しく装飾された追悼記念碑を幅広くデザインしていった。着彩され金色に塗られたものさえあったけれども、わずか数ヶ月で消えてしまうことが多かった。

19世紀初頭には墓に対する価値観にも変化があった。もはや単に遺体を埋める場所ではなく、今や家族の財産とみなされるようになったのである。彼らは定期的に訪れるようになり、手摺りか縁石で墓地を区切ることもあった。頂部の象徴のおどろおどろしさは薄くなり、柳の下で泣く女性も優雅になって、襞《ひだ》をなびかせた布で巻かれた壷も配された。これが18世紀末から19世紀半ばにかけて最も広く見られるようになったものである **[図9.12]**。

1840年代のゴシック・リヴァイヴァル様式とイングランド国教会の再活性化が追悼記念碑のデザインに影響を与えはじめることとなった。装飾過多なジョージアン時代の古典主義的な墓石は嫌われるようになり、地元の材料による簡素な石板が促進され、十字架を中心に据えるようになった（宗教改革以降はカトリック的にな

図9.11
ロココ様式の墓石には深い葉状装飾と凸面の中央装飾が施された。

図9.12
建築のグリーク・リヴァイヴァル様式は1770年代以降に墓石デザインに影響を与えはじめており、壷、メダイヨン、古代ギリシア鍵（メアンダーと呼ばれる一種の雷紋）のような象徴が施された、特徴的な浅い古典主義装飾は、リージェンシー時代（摂政時代）を通じてよく見られた。この図のように、柳の下で泣き叫ぶ人像（これも「泣き女」といわれる）に壷を添えるのは、よく見られた配列である。

らないように据えないこともあった)。教会への健全な寄進も平行して行われていた。これらの動きは都市の教会堂構内には幾らかの影響を与えたが、農村ではそうでもなかった。新たな市立墓地ではゴシック様式が古典主義様式の傍らに導入されたが、慎みは当時求められたものではなく、手の込んだ墓石、荒々しい十字架や泣き叫ぶ天使が、鋳鉄《ちゅうてつ》製の縁、あるいは際だった石で縁取られた墓の上に立っている。イタリアから輸入された白大理石製の追悼記念碑は次第に広く見られるようになり、国内産のものよりも安価になっていって、各地の採石場から仕事を奪うこととなった。また、建築家がデザインした墓石が町で大量生産され、すでに農村地帯の顧客の減少に直面していた各地の石工たちから客を奪っていった(村の再編成により豊かな地主は少なくなった)。

図9.13

表面にプロフィールを刻んだ2体1組の墓石は、通常、夫妻、あるいはその他の一族のために作られたものだ。だが、この場合は一方はまったく完成しておらず、哀れなオーガスティンの死後、その妻に何があったのか知りたくもなる。

図9.14

ヴィクトリア時代の墓石にはさまざまなものがあったが、上図のように、ほとんどは鋭いゴシック尖塔アーチを備えていた。十字架と、泣く天使も広く見られた。通常、19世紀の文章は装飾過多で流麗なジョージアン様式よりも重々しく、規則的に深く刻まれており、鉛、黒色、あるいは金色で強調されている。さまざまに異なる石材がヴィクトリア時代の墓地を特徴付けており、真鍮《しんちゅう》かタイルが挿入された1体の追悼記念碑や類似物の中に、それらが混合されることも広く見られた。

レジャー、マウソレウム、墓所

歴史上、重要な墓は単なる墓石以上に手の込んだ工夫を施されて際立った存在とされてきた。レジャー（水平の厚板）から手の込んだ櫃《ひつ》形《がた》墓所、場合によっては一族のマウソレウム（墓《ぼ》廟《びょう》）[1]までさまざまなものがあった。サクソン時代や中世初期には、通常、教会の高位聖職者だけが教会堂内部に埋葬されることを許されており、それゆえ、おそらく、一般信徒のために教会堂構内に木製や石造の彫刻された追悼記念碑がいくつかあったと思われる。中世を通じて、幅いっぱい横断する単純な十字架を備えた石板が、共同体の重要人物のための追悼記念碑として教会堂の内外によく設けられていた。上から見ると十字形の低い教会堂に似た、笠石《かさいし》を頂く墓石には、側面に上から下へ文章が記されている。あるいは切妻屋根の住宅の形をした墓所もある。それらは17世紀になって用いられるようになり、その後、ゴシック様式に熱狂していたヴィクトリア時代の人々により復活を遂げた。

櫃形墓所は中に空間のある直方体の石箱の上に置かれたれたレジャーを備え、直下の地面に墓穴がある。教会堂構内の追悼記念碑の中でも最も輝かしいこれらの墓所は17世紀初頭にまで制作時期がさかのぼるものも見られ、それ以前のものも時折あるが、18世紀のものが多い。

何本かの支柱がある、櫃の上に載せられた平坦なレジャーでしかないものもあるけれども、もっと装飾的な例としては側面にパネルを支持する手の込んだ彫像を備えたものもある。これらの彫像の様式は墓石の様式に忠実に合わせられている。ただし、彫像は上部にのみ施されるというよりは全体に見られ、17世紀末から18世紀半ばにかけて、もっと深く豊かに彫刻された装飾を備えていた。その後、ヴィクトリア時代初期にかけて、グリーク・リヴァイヴァル様式の浅い紋様が用いられるようになった。だが、ヴィクトリア時代の人々は上方への展開を強調することを好んだ。また、ゴシック様式の象徴で豊かに装飾された櫃状墓所もあったが、オベリスク[2]、支柱や墓廟の方が、とりわけ墓地には広く見られる。

図9.15
墓の上に水平に設置される「レジャー」と呼ばれる平坦な厚板は地面と同じ高さ、あるいはプリントスの上に載せられた状態で置かれており、17世紀半ば以降に広く見られる。通常、部分的に沈下している墓石と比べ、これらの銘文のほとんどは露出していることが多い。この例はランカシャー州に隣接したチェシャー州のもので、通路に沿って整列したものがよく見られる。いくつかの時代に渡って異なる文章が刻まれており、100年以上経ってから墓地の区画をある一族がいかにして再利用したのかが分かる。

1) 古代ギリシアの古典期末期のカリア王マウソロスの墓所に由来する一般名詞で、大規模な墓所「廟堂《びょうどう》」の意。
2) 古代エジプトの太陽神信仰に関わる宗教的記念碑のこと。

図9.16
17世紀末から18世紀初頭にかけての櫃形墓所。最古の形式は大きくて重い厚板（レジャー）を上に備えていて、本体は薄い傾向がある［**上**］。これについては、側面が装飾された素晴らしい例がいくつかある。通常、これらは側面にピラスターを備え、中央の額を彫像が囲んでいる［**下**］。その細部には、建築上の流行、および、「死すべき運命」の象徴を施さねばならないという強迫観念が反映されている。

図9.17
17世紀から18世紀にかけての最良の櫃形墓所はコツウォールズで見られる。東部では独特の半円筒形の厚板（レジャー）が上部を覆っているものが多く、墓の主な住人であることが多い商人たちによって使用された羊毛の束から、束形墓所と呼ばれる［**上**］。だが実際は、中世の霊柩車、棺衣（葬礼衣）を支えるのに遺体の上に建てられた曲がった籠を表現しているようだ。西部ではフランボワイヤン様式の墓所が広く見られ［**下**］、厚く簡素な厚板を備えているが、側面のパネルには豊かに彫刻が施されており、その終端には１組の渦巻き装飾が配されることが多い。

図9.18
18世紀末から19世紀初頭にかけての墓所には、繊細な新古典主義的紋様と細かい装飾が施されている。卓形墓所、石造円柱の上に水平に置かれたレジャーは、北部諸州で用いられることが多い。

図9.19
各地の地元の豊かな一族は、自身と後継者の埋葬場所として、教会堂構内に設置されたマウソレウムを選ぶこともあった。今も見られるマウソレウムのほとんどは、スタフォードシャー州ストーンのこの例のように18世紀のものである。

図9.20
ヴィクトリア時代の墓所は上方への展開を明らかに強調しており、ゴシック様式の尖塔アーチ、円柱、柱頭で高度に装飾された。単純なオベリスクから、尖塔屋根を頂いた大掛かりな階段状の大建築まで、さまざまなものがあった。鋳鉄で作られたものまであり **[右]**、ほとんどは手摺りで囲われていたと思われる。それらは第2次世界大戦中、スクラップ（金属屑）を得るためにばらばらにされることも多かった。

第3部

便利な参考資料ガイド

QUICK REFERENCE GUIDE

教会堂の年代判定 DATING CHURCHES

　イングランドの教会堂にはこのように素晴らしい多様性があり、初めて訪ねたとき、また、その建造物に特有のものがあったとき、我々はいくらか戸惑うことになるだろう。本書によって基礎知識を得ることができるけれども、もし、特定の教会堂についてもっとよく知りたい場合は、本書で得た知識をいくつかの分類ごとに順に調べて応用するのが望ましい。全体から部分を見ていくのであり、細部を調べる前に周辺、教会堂構内、主要構築物を見るのである。

立地

　教会堂が村、あるいは町の最古の部分の中心にある場合、その創設はかなり早いと推測できる。遠く離れていても、大きな住宅か農園に隣接している場合は、やはり古い可能性が高く、村が移動しただけなのだろう。それに隣接した建造物には注目する価値がある。高度な装飾を施された教会堂の隣には、司教か大修道院長が住んでいた場合が多い。

教会堂構内

　教会堂構内が大まかに円形だったら、かなり古くに創設されたことを示している。決定的な証拠になるとは言えないが、墳墓や立っている石があると、その古さはより確実なものとなる。数百年も墓穴を掘り起こして土を盛ってきたので、周辺地域からは

図10.1
教会堂を調べるときに、細部の様式に加えて注目するべきいくつかの要素。

登っていかなければならない。建造物の周囲に壁が残っている場合は、これもまた古い教会堂の印である。材料の年代にも注目すべきである。教会堂がヴィクトリア時代のものだったとしても、もっと古い墓石があったなら、以前、そこには別の教会堂があったのだろう。

構築物

各部分の配列とそれらの全体的な比例関係に注目してほしい。高く、幅の狭い身廊と内陣はサクソン時代かノルマン時代のものであることを示している。もっとも、通常は後世の身廊と祭室の後ろに隠れていることが多い。中央塔は13世紀にかけてよく見られ、西塔は14世紀、15世紀に主流となった。

当初の屋根は急勾配の藁葺きだったが、低勾配の屋根に置き換えられることが多かった。塔の東側にその痕跡が見られる（また、さらに内陣の壁面に当初の勾配の跡が残っている場合もある）。

教会堂の周りをくまなく歩くのも良い。日陰になる北側を決して無視してはならない。そこには教会堂の年代を判定するための最良の手がかりがある場合が多いからである。塞がれた扉や窓に注目すると、アーチの形態によってその年代が分かる。石積みの中のアーチのかすかな痕跡は、信徒の減少によって塞がれてしまった古い側廊があったことを示す。石積みを見るのもおすすめ。もし、ばらばらで様々に異なる質の石が積まれていた場合は、おそらく古いのだろう。もし、建造物全体が、その全周囲にすっきりしたプリントスを施されて同質に見える場合は、ほとんどジョージアン時代かヴィクトリア時代のものだろう。石積みが裁断された良質のアシュラー（切石）だったら、それは莫大な富の印である。れんがだったら、通常、古くても15世紀のものだろう。明確に紋様を描かずに積まれた薄くて不規則なれんがはこの時代のものだが、17世紀には正確な積み方をされるようになり、18世紀には規格に則った大きさとなった。

内部の細かいところも外部と同じくらい重要である。内陣アーチと側廊アーケードは、外部から判断するよりも古いことが多い。窓の形態、装飾の様式、内部の装備も年代判定の助けとなるが、これらの部分のほとんどは他の場所から移された可能性もあることを忘れてはならない。たとえば、修道院解散令後の修道院から、あるいは人口減少で閉鎖された近隣の教会堂からの移設などである。

名称

人気のある聖人や出来事の記念に捧げられたことが多いので注意してみよう。サクソンの名称だった場合は創設が早かったものであり、セント・ポール（聖パウロ）やホーリー・トリニティ（聖三位一体）はヴィクトリア時代に広く見られた名称である。中世、最も多い教会堂の名称はセント・メアリー（聖母マリア）、オール・セインツ（全聖人）、セント・ピーター（聖ペトロ）、セント・マイケル（聖大天使ミカエル）、セント・アンドリュー（聖アンデレ）、セント・ジョン・ザ・バプティスト（洗礼者聖ヨハネ）である。

さらなる情報を得るためには?

以下のような方法で、さらなる詳細な情報に接することができる。

＊教会堂の中で売っている小冊子

＊ニコラウス・ペヴスナー（Nikolaus Pevsner）によって始められた『イングランドの建造物』（*The Buildings of England*）シリーズ。州ごとに分けて紹介されており、各章冒頭で各市町村の教会堂の細部がまとめられている。

＊『ヴィクトリア女王献呈州史』（*The Victoria County History*）は州ごとの通史のシリーズであり、歴史家たちがマナー（荘園）に関わる史料を翻訳し、一覧表を作成するという困難な作業を行っている。すべての州はまだそろっていないが、完成していれば図書館も写しを所蔵していくだろう。

＊各教会堂のHP：ほとんどの教会堂はウェブサイト

を運営している。もっとも、通常は検索機能を駆使すればさらに詳しい情報が見つかるだろう。家族史のウェブサイトも、とりわけ、追悼記念碑については有用だろう。（日本では、教会堂名称と所在地名称をアルファベット表記で検索し、英語による現地の情報を参照するのが望ましい。世界遺産の場合はユネスコの世界遺産委員会のウェブサイトの情報も参照できる。英語と仏語。）

＊建造物目録：ほとんどの建造物は一覧表に載せられるはずで、この作業が為されている場合、現地の建築史家による研究が図書館に所蔵されていることが多い。

＊大修道院、司教やマナー（荘園）領主のような創建時の建設者の記録が、もし閲覧可能なら情報が得られるかもしれない。今日の教会堂に残る信頼できる記録にも詳細な情報があるだろう。

＊郷土史家の団体は情報を持っているだろう。多くの放棄された教会堂における考古学発掘調査が行われ、その変遷のつまびらかな歴史が明らかになってきたはずである。報告書は現地の図書館で利用できるだろう。

＊追悼記念碑、あるいは古い墓の厚板の中には古い年代のものもある。後世の壁面に立てかけられた破片も見ると良い。

図10.2：ヨークシャー州ウォラム・ピアシー

この荒廃した中世の村には、まだ当時の小教区教会堂の遺構がある［**左上**］。この地域は50年以上にわたって徹底的に研究されてきたので、細かな建立の歴史が分かっており、教会堂がどのように発展し衰退するのかを知るのに訪れる価値があるだろう。埋められたアーケードを含む細部［**右上**］、再利用された墓の厚板（レジャー）［**左下**］、壁体内部の割りぐり［**右下**］に注目。

年表 TIMECHART

この年表では、中世教会堂の年代判定に用いることができる細部の装飾と主要な特徴を示している。

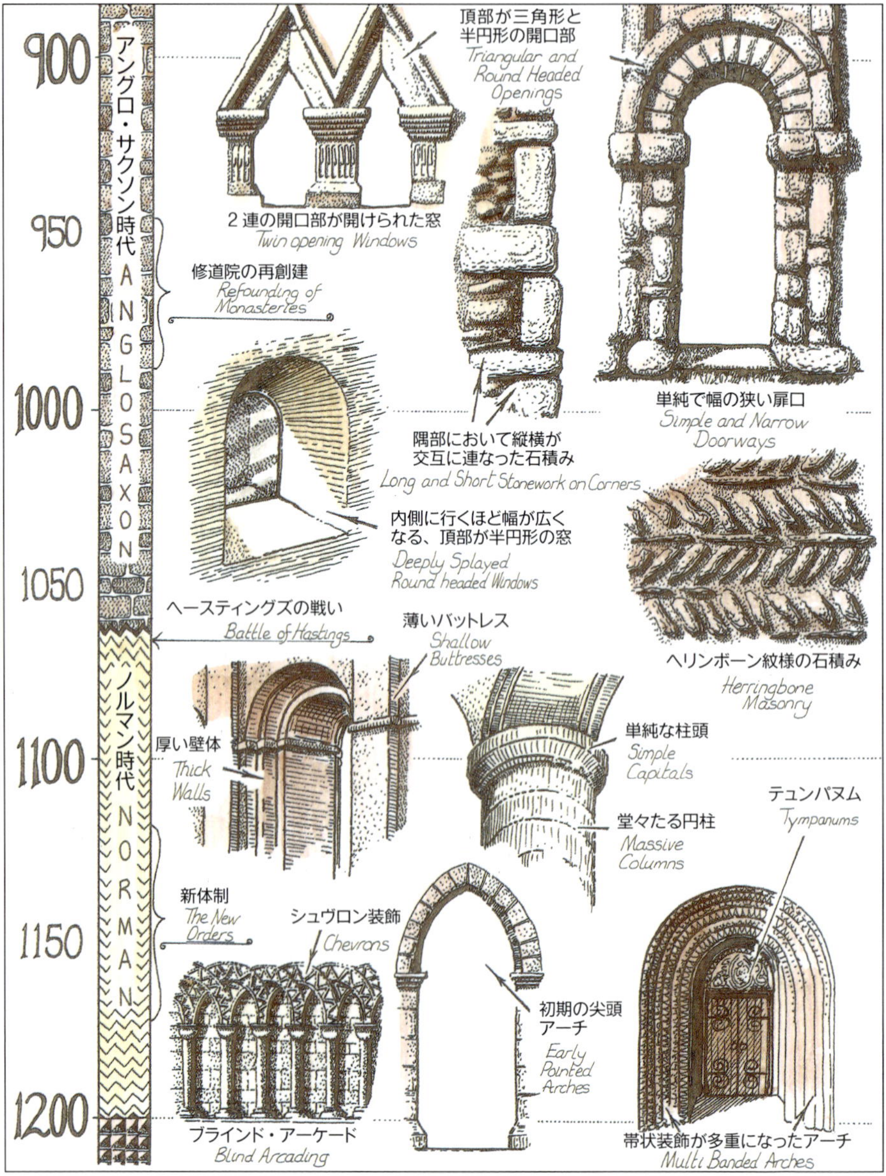

900
950
1000
1050
1100
1150
1200
アングロ・サクソン時代
ANGLO SAXON
ノルマン時代
NORMAN
頂部が三角形と半円形の開口部
Triangular and Round Headed Openings
2連の開口部が開けられた窓
Twin opening Windows
修道院の再創建
Refounding of Monasteries
単純で幅の狭い扉口
Simple and Narrow Doorways
隅部において縦横が交互に連なった石積み
Long and Short Stonework on Corners
内側に行くほど幅が広くなる、頂部が半円形の窓
Deeply Splayed Round headed Windows
ヘースティングズの戦い
Battle of Hastings
薄いバットレス
Shallow Buttresses
ヘリンボーン紋様の石積み
Herringbone Masonry
厚い壁体
Thick Walls
単純な柱頭
Simple Capitals
テュンパヌム
Tympanums
堂々たる円柱
Massive Columns
新体制
The New Orders
シュヴロン装飾
Chevrons
初期の尖頭アーチ
Early Pointed Arches
ブラインド・アーケード
Blind Arcading
帯状装飾が多重になったアーチ
Multi Banded Arches

初期イングランド式
EARLY ENGLISH
華飾式
DECORATED
垂直式
PERPENDICULAR
1250
1300
1350
1400
1450
1500
1550
ランセット窓 Lancet Windows.
水を貯める繰形、深くへこんでいる
Water holding moulding ~ deep hollows.
硬葉状柱頭
Stiff Leaf Capitals.
自然な葉状装飾
Naturalistic Foliage.
ボール・フラワー
Ballflower.
犬歯状繰形
Dog Tooth Moulding.
曲線トレーサリー
Curvilinear Tracery.
黒死病 The Black Death
ピナクルとバトルメント
Pinnacles and battlements
トランサム
Transoms
方形花形繰形 Square flower moulding
垂直式窓
Perpendicular Windows
突出したバットレス
Prominent buttresses
新たな西塔
New West Towers
長方形の窓 Square Headed Windows
ファン・ヴォールト
Fan Vaulting
宗教改革 The Reformation
平坦なアーチを頂いた開口部
Flat Arched Openings
れんが積みが流行
Brickwork Fashionable

おすすめ訪問先 CHURCHES TO VISIT

下記の一覧表では本書で取り上げた教会堂のいくつかを紹介している（本編中における図版番号と巻末の地図情報を添えた）。郵便番号（衛星ナビ使用のため）とグリッド地理情報の両方、または片方を掲載した。https://www.ordnancesurvey.co.uk/osmaps/ にアクセスしてグリッド（例：TQ335812）を入力すると教会堂の位置情報が表示される。以下のサイトもおすすめ。http://www.streetmap.co.uk/gridconvert.html にアクセスして「Landranger Grid」でグリッドを入力し、「convert」を押す。次に「Click here to see location」をクリックすると地図が表示され、教会堂の位置が分かる。

● **アルドゲート、ロンドン：セント・ボトルフ・ウィズアウト・アルドゲート教会堂**
Aldgate, London［図 4.17］, St Botolph without Aldgate, Aldgate High St, EC3N 1AB: TQ335812 巻末地図：1

● **アシュボーン、ダービーシャー州：セント・オズワルド教会堂**
Ashbourne, Derbys［図 7.16, 7.21］, St Oswald, Mayfield Rd: SK176464 巻末地図：2

● **アシュウェル、ハートフォードシャー州、セント・メアリー・ザ・ヴァージン教会堂**
Ashwell, Herts［図 3.22］, St Mary the Virgin: TL267397 巻末地図：3

● **アスベリー、チェシャー州：セント・メアリー教会堂**
Astbury, Cheshire［図 3.18, 8.12］, St Mary: SJ846615 巻末地図：4

● **バックウェル、サマセット州：セント・アンドリュー教会堂**
Backwell, Somerset［図 8.14］, St Andrew, Church Lane, BS48 3JJ: ST492/683 巻末地図：5

● **ベークウェル、ダービーシャー州：オール・セインツ教会堂**
Bakewell, Derbys［図 1.25, 7.14, 7.15, 9.3］, All Saints, South Church St, DE45 1FD: SK215684 巻末地図：2

● **バーナック、ケンブリッジシャー州：セント・ジョン・ザ・バプティスト教会堂**
Barnack, Cambs［図 8.8］, St John the Baptist: TF079050 巻末地図：6

● **バートン・アポン・ハンバー、リンカンシャー州：セント・ピーター教会堂**
Barton-upon-Humber, Lincs［図 8.4］, St Peter: TA035219 巻末地図：7

● **バーミンガム、ウェスト・ミッドランド州：セント・フィリップ主教座聖堂**
Birmingham, West Midlands［図 4.8］, St Philip's Cathedral, Colmore Row, B3 2QB: SP069870 巻末地図：8

● **ボストン、リンカンシャー州：セント・ボトルフ教会堂**
Boston, Lincs［図 2.14, 7.13, 8.2］, St Botolph: TF326441 巻末地図：7

● **ブリクスワース、ノーサンプトンシャー州：オール・セインツ教会堂**
Brixworth, Northants［図 0.1, 1.3, 1.19］, All Saints, Church St: SP757712 巻末地図：9

● **ブロカトン・バイ・ロス、ヘレフォードシャー州：オール・セインツ教会堂**
Brockhampton-by-Ross, Hereford［図 5.14, 5.19］, All Saints: SO594321 巻末地図：10

● **バーフォード、オクスフォードシャー州：セント・ジョン・ザ・バプティスト教会堂**
Burford, Oxon［図 1.11, 3.5］, St John the Baptist, Church Green, OX18 4RY: SP253124 巻末地図：11

● **ビーラ、ノーフォーク州：セント・メアリー教会堂**
Bylaugh, Norfolk［図 8.3］, St Mary, NR20 4QE: TG036183 巻末地図：12

● **コーストン、ノーフォーク州：セント・アグネス教会堂**
Cawston, Norfolk［図 3.19］, St Agnes, Church Lane, NR10 4AG: TG133239 巻末地図：12

● **チードル、スタフォードシャー州：セント・ジャイルズ教会堂**
Cheadle, Staffs［図 5.8］, St Giles (RC): SK008432 巻末地図：13

● **チッピング・カムデン、グロスターシャー州：セント・ジェームズ教会堂**
Chipping Campden, Glos［図 3.16］, St James, Church St, GL55 6JG: SP154395 巻末地図：14

● **ダンスタブル、ベドフォードシャー州：セント・ピーター小修道院付属教会堂**
Dunstable, Beds［図 4.2］, St Peter (Priory Church of): TL021218 巻末地図：15

● **アールズ・バートン、ノーサンプトンシャー州：オール・セインツ教会堂**
Earls Barton, Northants［図 1.20］, All Saints, West Street: SP852638 巻末地図：9

● イーアズビー、ノース・ヨークシャー州：セント・アガサ教会堂（イーアズビー大修道院）
Easby, North Yorks［図 6.13］, St Agatha (Easby Abbey): NZ185003 巻末地図：16

● エムピンガム、レスターシャー州：セント・ピーター教会堂
Empingham, Leics［図 2.2］, St Peter, Church St, LE15 8PN: SK950085 巻末地図：17

● エスカム、カウンティ・ダラム州：セント・ジョン教会堂
Escomb, County Durham［図 1.18］, St John: NZ189301 巻末地図：18

● フェルマシャム、ベドフォードシャー州：セント・メアリー教会堂
Felmersham, Beds［図 2.21, 7.6］, St Mary, Church End, MK43 7JP: SP991578 巻末地図：15

● フィンジスト、バキンガムシャー州：セント・バーソルミュー教会堂
Fingest, Bucks［図 8.6］, St Bartholomew, RG9 6QE: SU777911 巻末地図：19

● ギブサイド、カウンティ・ダラム州：ギブサイド礼拝堂、セント・ウルフラム教会堂
Gibside, County Durham［図 4.9］, Gibside Chapel, St Wulfram, NE16 6BG: NZ172583 巻末地図：18

● グランサム、リンカンシャー州
Grantham, Lincs［図 8.13］, : SK915361 巻末地図：7

● グリンステッド・ジュクスタ・オンガー、エセックス州
Greensted-juxta-Ongar, Essex［図 1.17, 8.11］, St Andrew, CM5 9LD: TL538030 巻末地図：20

● ハムステッド・ガーデン・サバーブ、ロンドン：セント・ジュード・オン・ザ・ヒル教会堂
Hampstead Garden Suburb, London［図 5.17］, St Jude-on-the-Hill, Central Square, NW11 7AH: TQ255883 巻末地図：1

● ヘキングトン、リンカンシャー州：セント・アンドリュー教会堂
Heckington, Lincs［図 2.25, 7.12］, St Andrew: TF143441 巻末地図：7

● ヘクサム、ノーサンバーランド州：セント・アンドリュー教会堂（ヘクサム大修道院）
Hexham, Northumberland［図 2.27］, St Andrew (Hexham Abbey), Beaumont St,NE46 3NB: NY934640 巻末地図：21

● ケグワース、レスターシャー州：セント・アンドリュー教会堂
Kegworth, Leics［図 2.22］, St Andrew, Churchgate, DE74 2ED: SK487267 巻末地図：17

● ケンプリー、グロスターシャー州：セント・メアリー教会堂
Kempley, Glos［図 6.12］, St Mary: SO670312 巻末地図：14

● ケトン、ラトランド州：セント・メアリー・ ザ・ヴァージン教会堂
Ketton, Rutland［図 2.4］, St Mary the Virgin : SK982043 巻末地図：22

● キルペック、ヘレフォードシャー州：セント・メアリー教会堂、セント・デーヴィッド教会堂
Kilpeck, Hereford［図 1.9, 1.13, 1.22］, St Mary and St David: SO445305 巻末地図：10

● カービー・ベラーズ、レスターシャー州：セント・ピーター教会堂
Kirby Bellars, Leics［図 8.9］, St Peter, Main St, LE14 2EE: SK718182 巻末地図：17

● ラヴェナム、サフォーク州：セント・ピーター教会堂、セント・ポール教会堂
Lavenham, Suffolk［図 3.3, 3.6, 3.21］, St Peter and St Paul, Church St, CO10 9QT: TL913490 巻末地図：23

● ロング・メルフォード、サフォーク州：ホーリー・トリニティ教会堂
Long Melford, Suffolk［図 3.14, 9.7］, Holy Trinity, Church Walk, CO10 9DL: TL865467 巻末地図：23

● ロング・サトン、リンカンシャー州：セント・メアリー教会堂
Long Sutton, Lincs［図 9.10］, St Mary, Market Place, PE12 9JJ: TF432229 巻末地図：7

● モンクウェアマウス、サンダーランド州：セント・ピーター教会堂
Monkwearmouth, Sunderland［図 8.5］, St Peter, St Peters Way, SR6 0DY: NZ401578 巻末地図：24

● ナントウィッチ、チェシャー州：セント・メアリー教会堂
Nantwich, Cheshire［図 2.23, 6.20］, St Mary, Church Lane: SJ652523 巻末地図：4

● ニューカースル・アポン・タイン：オール・セインツ教会堂
Newcastle upon Tyne［図 4.18］, All Saints: NZ253640 巻末地図：25

● ノース・ランクトン、ノーフォーク州：オール・セインツ教会堂
North Runcton, Norfolk［図 4.15］, All Saints, The Green, PE33 0RB: TF646159 巻末地図：12

● レプトン、ダービーシャー州：セント・ウィスタン教会堂
Repton, Derbys［図 7.2］, St Wystan: DE65 6FH: SK302271 巻末地図：2

● ラドストン、ヨークシャー州（1974 年以前の州名）：オール・セインツ教会堂
Rudston, Yorks［図 9.2］, All Saints: TA098677 巻末地図：26

● シュルーズベリー、シュロプシャー州：セント・チャド教会堂
Shrewsbury, Shropshire［図 4.14］, St Chad, Claremont Bank: SJ488124 巻末地図：27

● スタンフォード、リンカンシャー州：セント・メアリー教会堂
Stamford, Lincs［図 2.20］, St Mary, St Marys Hill, PE9 2DF: TF030070 巻末地図：7

● スティートリー、ダービーシャー州：オール・セインツ礼拝堂
Steetley, Derbys［図 1.10］, All Saints Chapel: SK543787 巻末地図：2

● ステュークリー、バキンガムシャー州：セント・マイケル・アンド・オール・エンジェルズ教会堂
Stewkley, Bucks［図 1.21］,St Michael and All Angels, High St North, LU7 0HL: SP852261 巻末地図：19

● ストー、リンカンシャー州：セント・メアリー教会堂
Stow, Lincs［図 1.2, 1.23］, St Mary: SK882820 巻末地図：7

● スタッドリー・ロイヤル、リポン、ウェスト・ヨークシャー州：セント・メアリー教会堂
Studley Royal, Ripon, West Yorks［図 5.15, 5.20］, St Mary, HG4 3DY: SE275693 巻末地図：26

● サートン、ノーフォーク州：セント・エセルバート教会堂
Thurton, Norfolk［図 2.24］, St Ethelbert: TG328007 巻末地図：12

● ティケンコート、ラトランド州：セント・ピーター教会堂
Tickencote, Rutland［図 1.24］, St Peter: SK990095 巻末地図：22

● タング、シュロプシャー州：セント・バーソロミュー教会堂
Tong, Shropshire［図 3.20, 7.8］, St Bartholomew, TF11 8PW: SJ796074 巻末地図：27

● ウォリック：セント・メアリー教会堂
Warwick［図 7.3］, St Mary, Old Square, CV34 4AB: SP282649 巻末地図：28

● ウェスタラム、ケント州：セント・メアリー・ザ・ヴァージン教会堂
Westerham, Kent［図 2.1］, St Mary the Virgin, The Green, TN16 1AS: TQ447541 巻末地図：29

● ウェスト・ウォルトン、ノーフォーク州：セント・メアリー教会堂
West Walton, Norfolk［図 2.6, 2.19］, St Mary: TF471134 巻末地図：12

● ウェスト・ウィカム、バキンガムシャー州：セント・ローレンス教会堂
West Wycombe, Bucks［図 4.4］, St Lawrence, West Wycombe Hill, HP14 3AP: SU827949 巻末地図：19

● ウォラム・ピアシー、ヨークシャー州
Wharram Percy, Yorks［図 10.2］, SE859644 巻末地図：26

● ウィトビー、ノース・ヨークシャー州：セント・メアリー教会堂
Whitby, North Yorks［図 6.16］, St Mary, Church St, YO22 4JT: NZ901113 巻末地図：16

● ウィンズコム、サマセット州：セント・ジェームズ・ザ・グレート教会堂
Winscombe, Somerset［図 3.2, 8.14］, St James the Great, Church Lane, BS25 1DE: ST411566 巻末地図：5

● ウィトリー・コート、ウスターシャー州：グレート・ウィトリー教会堂
Witley Court, Worcs［図 4.7, 4.19］, Great Witley church, WR6 6JT: SO769649 巻末地図：30

● リングトン、サマセット州：オール・セインツ教会堂
Wrington, Somerset［図 3.17］, All Saints, Station Road, BS40 5LG: ST467627 巻末地図：5

● ユールグレーヴ、ダービーシャー州：オール・セインツ教会堂
Youlgreave, Derbys［図 8.15, 9.8］, All Saints: SK212643 巻末地図：2

用語集 GLOSSARY

AISLE	側廊	円柱列（アーケード）の背後の両翼のこと。教会堂の主要壁体を支持している。
ALTAR	祭壇	ミサにおいて「キリストの犠牲」が執行される、甲板が平坦な卓かブロックのこと。中世教会堂では焦点となる要素だった。ミサにおける「キリストの犠牲」に関連する要素は最重要視されていたからである。聖遺物（聖人の体の一部やゆかりの品）も載せることがあった。
AMBULATORY	周歩廊	サクソン時代のクリプトの外側をめぐる通路のこと（大規模教会堂や司教座聖堂の内陣の縁をめぐる同様の役割を持つものを指すのにも使われる）。
ANGLICAN	アングリカン・チャーチ	イングランド国教会のこと。
APSE	アプス	内陣終端から突出した、半円形平面か多角形平面の部分のこと。なお、「半円形平面」とは「上から見て半円形」の意。
ARCADE	アーケード	円柱の列のこと。通常は円柱直上にアーチが連なっている場合に「アーケード」と称する。
ASHLAR	アシュラー	接合面を上質に仕上げた滑らかな直方体の石材のこと。「切石《きりいし》」と訳されることが多いが、そう訳せる用語・表現は他にもあるので、本書では「アシュラー」と表記する。
AUMBRY	オームブリー	壁体のくぼみに設けられた聖器棚のこと（通常、木製扉は現存しない）。
BALUSTER	バラスター	水平方向の手摺りを支持する、曲線を描く支柱のこと（連なると「バラストレード」を形成する）。「手摺り子」と訳されることがある。
BEAKHEADS	ビークヘッド	鳥獣の頭部を彫刻した装飾物のこと。嘴《くちばし》は着彩されている。ノルマン時代の教会堂のアーチ周りに見られる。
BELFRY	ベルフリー	塔の鐘を吊した部分のこと。通常、外側からみる場合はルーヴァーの入ったベルフリー開口部によってその位置が分かる。
BONDING	ボンド	れんがを壁体中に配列する方法のこと。小口（短辺の側）と長手（長辺の側）の組み合わせによって、外壁面に様々な紋様が現れる。
BUTTRESS	バットレス	壁体を支持するために、その壁体に対して上から見て直角をなして突出している石造の構造体のこと。控え壁。
CAPITAL	柱頭	円柱の頂部のことであり、装飾されることが多い。
CHANCEL	内陣	教会堂の祭壇を含む部分のこと（通常、東端に配される）。大規模教会堂では、内陣はクワイア（内陣の身廊側の部分）とプレスビュテリウム（P.126参照）に分けられ、これらの外側に通路がめぐらされることもある。
CHANTRY	詠唱祭壇、詠唱礼拝堂・祭室	寄進者のためにミサを挙げる祭壇または祭室、礼拝堂。
CHARNEL HOUSE OR PIT	納骨堂、チャーネル・ハウス	新たな埋葬地の場所を設けるために墓を解体する際、墓から遺骨を収める場所のこと。
CLERESTORY	クリアストーリー	身廊壁体上部のことであり、通常、高窓が設えられている。
COMMUNION TABLE	聖卓	国教会では典礼の焦点が聖餐《せいさん》式に置かれたので、祭壇が聖卓と改名されたり、置き換えられたりした。

CORBEL	コーベル	壁体に取り付けられた石造ブラケット（持ち送り）のこと。屋根のトラスを支持するのに多く用いられた。
CROSSING	交差部	教会堂の中央の塔の直下の部分のこと。
CRYPT	クリプト	教会堂の床面の下の部屋のことで、墓所や聖遺物が配された。
DORMER	ドーマー窓	屋根に取り付けられた直立した窓のこと。
ENCAUSTIC	エンカウスティーク	ある紋様を描くように象眼《ぞうがん》され（使用されている素材の一部を削り取り、そこに別の材料を埋め込んで紋様を描く装飾加工）、焼き付け仕上げされた様々な色彩のタイルのこと。
FAÇADE	ファサード	建造物の主要な立面のこと。
FONT	洗礼盤	洗礼に用いる聖水をたたえた水盤のこと。
GABLE	ゲーブル	切妻屋根端部の壁面（日本では「妻」と称する）の上部の三角形の部分のこと。日本では「妻壁《つまかべ》」と称する。
GROIN	グロイン	２体のヴォールトが接合する縁のこと。
HAMMER-BEAM	ハンマー・ビーム	教会堂の全幅にわたる梁を用いない、ハンマー・ポスト、帯梁、ブラケットのシステムを用いた形式の屋根トラスのこと。
HERRINGBONE	ヘリンボーン装飾	石材、またはれんがを対角線方向に交互に積み重ねたもの（そうしてジグザグ紋様となる）。
IMPOST	インポスト、迫元《せりもと》	アーチが始まるところ（起拱点《ききょうてん》）に配され、繰形を施されたれんが造、または石造の部材のこと。
JAMBS	抱《だ》き	扉や窓の開口部の脇の部分のこと。
KEYSTONE	キーストーン	アーチ頂部の中央の石材のこと。「要石《かなめいし》」ということもある。
LADY CHAPEL	レディ・チャペル	処女マリアに捧げられた祭室、礼拝堂のこと。
LANCET	ランセット	尖頭アーチを頂いた幅が狭くて高い窓のこと。13世紀に広く見られる（３連、または５連でまとまって配されることが多かった）。「小さな槍」を意味するフランス語が由来。
LECTERN	聖書台	直立する支柱の上に少し傾けた甲板を設けた机のこと。その上に本を載せる（通常、大きく翼を広げた鷲を象った金色仕上げの金属製である）。
LIERNE	リエルヌ	石造ヴォールト天井において、主要なリブ（ヴォールト表面に施される骨のような部材）の接合部を結び付ける短いリブのこと（フランス語）。
LINTEL	リンテル	扉や窓のすぐ上に架けられた水平方向の支持材のこと。日本の建築用語では「まぐさ」という。
LOUVRE	ルーヴァー	傾斜をつけて配された薄板のことで、教会堂の場合はベルフリー開口部を横断して取り付けられた。
MASS	ミサ	キリスト教信仰の中心的な活動の「エウカリスティア」（ラテン語）を指す、広く用いられている名称。カトリック教会おいてはミサ、イングランド国教会（聖公会）においては聖餐《せいさん》式という。
MINSTER	ミンスター聖堂	小教区制が形成される以前のアングロ・サクソン時代において、設定された地域に司祭を派遣した修道院付属教会堂を指す名称。

MISERICORD	ミセリコルディア	折り畳み式座面の裏側に設けられた、装飾を施した突出部のこと。その前に立つ人が長い典礼の間にその上で体を休めることができる（「慈悲」を意味するラテン語ミセリコルディアに由来する）。
MOULDING	繰形《くりかた》	石材、れんが、石膏でできた細い帯状装飾のこと。
MULLION	マリオン	窓の縦方向のバー（桟《さん》）のこと。
NAVE	身廊	信徒たちが立ったり座ったりする、教会堂の主要な空間のこと（通常、大規模な西側の部分となる）。
OGEE	オジー	下部で外側に膨らむ弧を描き、上部で内側に膨らむ弧を描いた曲線のこと（反転したS字型）。14世紀、15世紀に広く見られる特徴的なアーチを形成する。
PARAPET	パラペット	屋根の勾配面の縁の上に位置する、壁体の頂部のこと。胸壁ともいう。
PEDIMENT	ペディメント	古典主義建築の入口直上の、低勾配の三角形の部分。日本の建築用語では「破風《はふ》」が近いが、古典主義様式の建築ではない中世建築では「ペディメント」とはいわず、「テュンパヌム」という。三角形ではなく円弧の一部からなるアーチ（セグメンタル・アーチ）を頂いた櫛形《くしがた》のものもある。
PILASTER	ピラスター	壁面に付けられた平坦な柱状装飾のこと。
PINNACLE	ピナクル	装飾として、あるいは、塔、壁体、バットレスの頂部に重りとして加えられた尖った小塔のこと。
PISCINA	ピスキナ	聖餐器を洗うための石造水盤のこと（ラテン語）。
PITCH	勾配	傾斜した屋根の傾きの度合いのこと。２枚の平滑面に挟まれた簡素な勾配屋根のことを「切妻《きりづま》屋根」と称する。
PLINTH	プリントス	建造物基部の周囲をめぐる突出部のこと。ここではギリシア語で表記。
PORTICO	ポルティコ	扉口を覆うポーチを形成する構築物のこと。通常、円柱に支持された平坦な屋根を備え、とりわけ、18世紀末から19世紀初頭にかけての古典主義教会堂で使用された。「柱廊《ちゅうろう》」と訳されることがある（イタリア語）。
PRESBYTERY	プレスビュテリウム	教会堂の、主祭壇が立っている部分のこと（通常、クワイアを備えた大規模教会堂のような例でのみ言及される）。「長老の集まり」を意味するギリシア語由来のラテン語。
PULPIT	説教壇	説教が行われる、高くそびえる構築物のこと。
REFORMATION, THE	宗教改革	16世紀初頭の教会の改革のことだが、本書では1531年のヘンリー８世によるイングランド国教会の設立と教皇との決別を指すのに用いている。
RENDER	レンダー、被覆塗料	壁面を保護するための被覆材のこと。
REREDOS	リアドス	祭壇背後の東壁面前の石造障壁のこと。
RESTORATION, THE	王政復古	1660年、ステュアート朝の王チャールズ２世が玉座に返り咲いたことを指す。
ROOD	ルード	当初、身廊と内陣の間の障壁頂部に載せられていた十字架、あるいはキリスト磔刑像《たっけいぞう》のこと。
SACRISTY	サクリスティア	聖なる容器を収納するのに用いられる部屋のこと（ラテン語）。通常、中世教会堂に関連する用語（イングランド国教会ではこの用途についてヴェストリーが使われる）。

SCREEN	障壁	建造物の二つの部分の間に配され、装飾された木製、あるいは石造の仕切り壁のこと（通常、教会堂においては内陣から身廊を分けるもののこと）。
SEDILIA	セディリア	聖職者のうち、年齢が上の成員たちのための座席のこと。通常、祭壇に隣接する南壁面に3段に配列された。「座席」を意味するラテン語に由来する。
SQUINT	スクウィント	教会堂内の、離れたところにいる人に祭壇がよく見えるように壁体に設けられた小さな開口部のこと。
STALLS	ストール	座席やベンチの列のことで、内陣の西端（クワイア）に設けられ、手の込んだ彫刻を施したカノピー（天蓋）を備えたものもある。聖職者のうち、年齢が上の成員たちが用いる（19世紀以来、合唱隊のみが使用した）。
STOUP	聖水盤	教会堂の入口付近の、聖水をたたえた水盤のこと。
STRING COURSE	ストリング・コース	ファサード（P.124参照）を横断する水平方向の帯状装飾のこと。通常、ファサードから突出している。
TRACERY	トレーサリー	アーチ窓やベルフリー開口部の上部において、紋様を構成する装飾的な石造部材のこと。
TRANSEPTS	交差廊	交差部から南北に突出した、教会堂の短い腕部のこと。
TRANSOM	トランサム	窓の水平方向の桟のこと（通常は垂直式の大きな窓の特徴）。
TRIFORIUM	トリフォリウム	ノルマン時代の大規模教会堂における、アーケード直上、クリアストーリー直下のアーチ列のこと。
TRUSS	トラス	屋根の木材を支持する、三角形フレームを形成する直線の部材の集合体のこと。両端が壁体上部か石造ブラケット（コーベル）の上に載っている。
TYMPANUM	テュンパヌム	通常、ノルマン時代の教会堂において装飾が施された、扉口直上のアーチ内側の空間のこと（ラテン語）。
VAULT	ヴォールト	石材やれんがによるアーチによって形成された天井のこと（石造の薄くて細長い部材によって支持されているように見える場合は、リブ・ヴォールトという）。
VERNACULAR	ヴァナキュラー	固有の地理的領域内で伝えらえてきた様式と構法によってその土地の材料で建設された建造物のこと。本書では「土地に根ざした建造物」などと訳した。
VESTRY	ヴェストリー	祭服が収納される部屋のこと（イングランド国教会では容器などを収納するためにも用いられ、多くはヴィクトリア時代か近代に増築されたものである）。
VOUSSOIR	迫石《せりいし》	アーチを形成する楔形《くさびがた》の部材のこと。

参考文献

PEVSNER, Nikolaus (and others), *The Buildings of England series*（州ごとのすべての教会堂の建築細部に至るまでの解説を掲載）

BLATCH, Mervyn, *Parish Churches of England* (1974)

JONES, Lawrence E., *The Observer's Book of Old English Churches* (1965)

MURRAY, Peter & Linda, *The Oxford Companion to Christian Art and Architecture* (1998)

PLATT, Colin, *The Parish Churches of Medieval England* (1995)

RODWELL, Warwick, *The Archaeology of the English Church* (1981)

索引 INDEX

●ア行
アーツ・アンド・クラフツ運動　Arts and Crafts 57, 59,60
アールズ・バートン、ノーサンプトンシャー州　Earls Barton, Northants 18, 93, 120
アシュウェル、ハートフォードシャー州　Ashwell, Herts 42, 70,120
アシュボーン、ダービーシャー州　Ashbourne, Derbys 88,90, 120
アスベリー、チェシャー州　Astbury, Cheshire 41,96, 120
イーアズビー大修道院、ノース・ヨークシャー州　Easby Abbey, North Yorks 71, 121
石積み、石材　masonry 6-7
イングランド国教会　Church of England 5, 43, 45, 56, 81, 85, 99
ウィトビー、ノース・ヨークシャー州　Whitby, North Yorks 73,122
ウィトリー・コート、ウスターシャー州　Witley Court, Worcs 47,52,122
ウィンズコム、サマセット州　Winscombe, Somerset 34, 97, 122
ウェスタラム、ケント州　Westerham, Kent 20,122
ウェスト・ウィカム、バキンガムシャー州　West Wycombe, Bucks 45, 122
ウェスト・ウォルトン、ノーフォーク州　West Walton, Norfolk 29, 122
ウォラム・ピアシー、ヨークシャー州　Wharram Percy, Yorks 117, 122
ウォリック　Warwick 80, 122
詠唱礼拝堂、詠唱祭室　chantry chapel 34, 80-81
エスカム、カウンティ・ダラム州　Escomb, County Durham 17, 121
エムピンガム、レスターシャー州　Empingham, Leics 21,121
エンザー、ダービーシャー州　Edensor, Derbys 54

●カ行
カービー・ベラーズ　レスターシャー州　Kirby Bellars, Leics 95,121
鐘　bells 99-101
キダミンスター　Kidderminster 10
ギブサイド、カウンティ・ダラム州　Gibside, County Durham 48, 121
キルペック、ヘレフォードシャー州　Kilpeck, Hereford 14,15, 18, 121
ギャラリー　galleries 46, 73-74
クーリンジュ、サフォーク州　Cowlinge, Suffolk 51
グランサム、リンカンシャー州　Grantham, Lincs 97, 121
クリアストーリー　clerestory 6, 35, 65-66
クリプト　crypts 80
グリンステッド、エセックス州　Greensted, Essex 17, 96,121
グリンドン、スタフォードシャー州　Grindon, Staffs 53
グレート・ホーウッド、バキンガムシャー州　Great Horwood, Bucks 65
ケグワース、レスターシャー州　Kegworth, Leics 30, 121
ゲドニー、リンカンシャー州　Gedney, Lincs 98
ケトン、ラトランド州　Ketton, Rutland 22, 121
ケンプリー、グロスターシャー州　Kempley, Glos 71, 94,121
交差廊　transepts 6, 66
コーストン、ノーフォーク州　Cawston, Norfolk 41, 120
コーブリッジ、ノーサンバーランド州　Corbridge, Northumberland 105

●サ行
サートン、ノーフォーク州　Thurton, Norfolk 31,122
祭壇　altars 81, 85-86
座席とストール　pews and stalls 74-75,83-84
サンドバッチ、チェシャー州　Sandbach, Cheshire 104
シュルーズベリー　Shrewsbury 50, 122
障壁　Screens 44, 64, 71, 73,79, 82-83
ショー、リチャード・ノーマン　Shaw, Richard Norman 61
真鍮　brasses 89
身廊　nave 6, 19, 42, 44, 64-78
スクウィント　squints 81
スコット、ジョージ・ギルバート　Scott, George Gilbert 54
スタッドリー・ロイヤル、ウェスト・ヨークシャー州　Studley Royal, West Yorks 60, 62, 122
スタンステッド・マウントフィチット、ハートフォードシャー州　Stansted Mountfitchet, Herts 96
スタンフォード、リンカンシャー州　Stamford, Lincs 29, 122
スティートリー、ダービーシャー州　Steetley, Derbys 14, 122
ステュークリー、バキンガムシャー州　Stewkley, Bucks 18, 122
ステンドグラス　stained glass 35, 76-78
ストー、リンカンシャー州　Stow, Lincs 10, 19, 122
ストーク・イン・ハートランド、デヴォン州　Stoke in Hartland, Devon 40, 82
ストーン、スタフォードシャー州　Stone, Staffs 49, 113
説教壇　pulpits 73, 75-76, 81
セディリア　sedilia 84-85
尖塔屋根　spire 20, 22, 25, 27, 29, 30, 45, 53, 94-99
洗礼盤　fonts 72
側廊　aisles 6

●タ行
タング、シュロプシャー州　Tong, Salop 42, 83,122
ダンス、ジョージ　Dance, George 51
ダンスタブル、ベドフォードシャー州　Dunstable, Beds 44, 120
チードル、スタフォードシャー州　Cheadle, Staffs 57, 120
チッピング・カムデン、グロスターシャー州　Chipping Campden, Glos　40, 120
追悼記念碑　Memorials 86, 88-90, 106-107, 109-110
ティケンコート、ラトランド州　Tickencote, Rutland 19,122
テルフォード、トマス　Telford, Thomas 50
塔　tower 6, 9, 14, 15, 18, 29, 31, 33, 34, 36, 40, 41, 43, 45, 50, 51, 58, 66, 91-101
扉　doors 69-70
トレーサリー　tracery 6, 26-27
トレベセリック、コーンウォル州　Trebetherick, Cornwall 95

●ナ行

内陣　chancel 6, 19, 44, 55, 62, 79-90
ナントウィッチ、チェシャー州　Nantwich, Cheshire 31,76, 121
ニューカースル・アポン・タイン　Newcastle upon Tyne 52, 121
ノース・ランクトン、ノーフォーク州　North Runcton, Norfolk 51, 122

●ハ行

バージェス、ウィリアム　Burges, William 60
バートン・アポン・ハンバー　Barton-upon-Humber, Lincs 93, 94, 120
バートン・ラザーズ、レスターシャー州　Burton Lazars, Leics 32
バーナック、ケンブリッジシャー州　Barnack, Cambs 95, 120
バーフォード、オクスフォードシャー州　Burford, Oxon 14, 36, 81, 120
バーミンガム　Birmingham 48
ハイ・ブラッドフィールド、サウス・ヨークシャー州　High Bradfield, South Yorks 33
バクストン、ダービーシャー州　Buxton, Derbys 49
バックウェル、サマセット州　Backwell, Somerset 97,120
バリー、チャールズ　Barry, Charles 57
バンゴール・イス・ア・コイド　Bangor-is-y-Coed 99
ビーラ、ノーフォーク州　Bylaugh, Norfolk 92,120
ピスキナ　piscina 84-85
ピュージン、オーガスタス・ウィルビー　Pugin, Augustus Welby 57
フィンジスト、バキンガムシャー州　Fingest, Bucks 94, 121
フェルマシャム、ベドフォードシャー州　Felmersham, Beds 30,82, 121
フォスダイク、リンカンシャー州　Fosdyke, Lincs 99
ブラサン、ダービーシャー州　Brassington, Derbys 9
ブリクスワース、ノーサンプトンシャー州　Brixworth, Northants 5, 11, 17, 120
ブロカトン・バイ・ロス、ヘレフォードシャー州　Brockhampton-by-Ross, Hereford 60, 62, 120
ブロムフィールド、アーサー　Blomfield, Arthur 58
ベークウェル、ダービーシャー州　Bakewell, Derbys 87,104, 120
壁画　wall paintings 70-71
ヘキングトン、リンカンシャー州　Heckington, Lincs 32,85, 121
ヘクサム、ノーサンバーランド州　Hexham, Northumberland 32,121
ヘザー、バキンガムシャー州　Hedsor, Bucks 100
ベルフリー　belfry 6
ヘレフォード　Hereford 60, 62, 120
ポーチ　porch 6, 36, 69
墓所　tombs 87-88, 90
ボストン、リンカンシャー州　Boston, Lincs 27, 86, 92,120
墓石　gravestones 107-111

●マ行

マートン、チェシャー州　Marton, Cheshire 96
マートン、リンカンシャー州　Marton, Lincs 11, 93
マクセルズフィールド、チェシャー州　Macclesfield, Cheshire 50
ミセリコルディア　misericords 83
モンクウェアマウス　Monkwearmouth 93,121
紋章　Coat of Arms 71, 74, 83

●ヤ行

屋根、小屋組　roofs 13, 21, 37, 47, 57,66-69
ユールグレーヴ、ダービーシャー州　Youlgreave, Derbys 16,97, 107, 122
ヨーク　York 10, 75

●ラ行

ラヴェナム、サフォーク州　Lavenham, Suffolk 34, 42, 121
ラチェンス、サー・エドウィン　Lutyens, Sir Edwin 61
ラドストン、ヨークシャー州　Rudston, Yorks 103, 122
リーク、スタフォードシャー州　Leek, Staffs 54, 61, 104
リトル・ミセンデン、バキンガムシャー州　Little Missenden, Bucks 98
リトルワース・コモン、バークシャー州　Littleworth Common, Berks 55
リンカンシャー州　Lincs 93, 120, 121, 122
リングトン、サマセット州　Wrington, Somerset 41,122
礼拝堂、祭室　chapels 46, 55, 56
レザビー、W・R　Lethaby, W.R. 60, 62
レディ・チャペル　Lady Chapel 40, 81
レプトン、ダービーシャー州　Repton, Derbys 80, 122
レン、サー・クリストファー（レン卿）　Wren, Sir Christopher 44-45, 51
ロング・サトン、リンカンシャー州　Long Sutton, Lincs 108, 121
ロング・メルフォード、サフォーク州　Long Melford, Suffolk 40, 106, 121
ロンドン　London 44-45, 51, 61
ロンノ、スタフォードシャー州　Longnor, Staffs 43

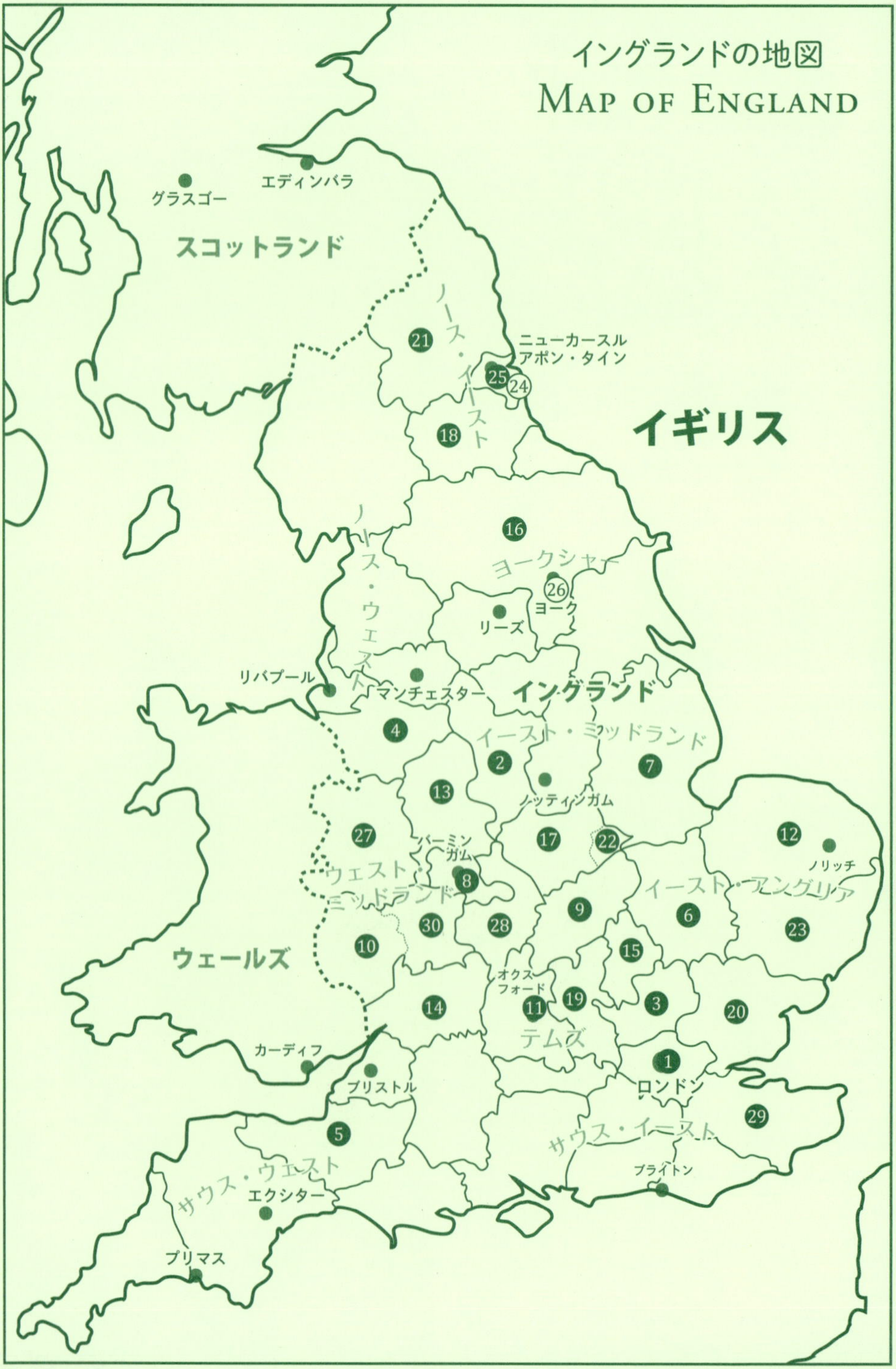
エディンバラ
グラスゴー
スコットランド
ノース・イースト
ニューカースル
アポン・タイン
イギリス
ノース・ウェスト
ヨークシャー
ヨーク
リーズ
リバプール
マンチェスター
イングランド
イースト・ミッドランド
ノッティンガム
バーミンガム
ウェスト・ミッドランド
ノリッチ
イースト・アングリア
ウェールズ
オクスフォード
テムズ
カーディフ
ブリストル
ロンドン
サウス・イースト
ブライトン
サウス・ウェスト
エクシター
プリマス
1
2
3
4
5
6
7
8
9
10
11
12
13
14
15
16
17
18
19
20
21
22
23
24
25
26
27
28
29
30

イングランドの地図
MAP OF ENGLAND